Amour des mots et partage d'émotions, un moyen de réfléchir sur le sens de sa vie

Agnès Chassaigne

Amour des mots et partage d'émotions, un moyen de réfléchir sur le sens de sa vie

Recueil

LE LYS BLEU
ÉDITIONS

ISBN : 979-10-422-0117-3

Voici mon regard sur la vie en poèmes, peut-être un jour en chansons.

À toutes les femmes qui font et ont fait partie de ma vie, en particulier celles sur qui j'ai pu m'appuyer pour avancer dans la vie et qui m'ont transmis les ressources et les valeurs dont je me sers aujourd'hui ; Corinne le premier modèle de femme de ma vie, Myriame.L., Valérie.P., Viviane.G., Marie-Françoise.K., Viviane.M., Corinne.D., Sylvie.D.

À tous les hommes qui font et ont fait partie de ma vie, en particulier ceux qui m'ont transmis leur amour, qui ont su être bienveillants à mon égard, qui m'ont épaulée et encouragée pour faire de moi la femme que je suis devenue ; Alain.C., Jean-Yves. C., Juste.B., Nicolas.K., Jean-Baptiste.C., Gérard.K., Jean-Paul.B.

À tous les amis qui m'entourent et qui savent apprécier la personne que je suis, qui me soutiennent dans mes projets. À tous ceux qui font que ma vie a plus de saveur et de sens ; Héloise.P., Barbara.R., Elodie.H., Marie.C., Marie.P., Sarah.G., Sophie.B., Aude.L., Sovina.R., Cécile.K., Elodie.K., Cécile.A., Cécile.L., Elise.N.

À tous les auteurs qui m'ont transmis à travers leurs œuvres, « La couleur des sentiments » de Kathyn.S., « Hypersensibles » de Elaine.N.A., « Fortune de France » de Robert. M., « Femmes qui courent avec les loups » de Clarissa.P.E., « Les quatre accords toltèques » de Don Miguel.R., « La puissance invaincue des femmes » de Mona. C., « Tout le bleu du ciel » de Mélissa D.C., « Ecchymoses » de Carelle.D., « Le droit d'emmerder Dieu » de Richard.M., « La plus secrète mémoire des hommes » de Mohammed.M.S., « Les vertus de l'échec » de Charles.P.

La lecture est un besoin primordial pour s'évader, apprendre, comprendre, se construire des opinions qui nous sont propres. À travers notre critique, notre analyse et nos réflexions, nous nous forgeons une identité et acceptons qu'elle ne soit pas l'égale de l'autre. Mes lectures m'accompagnent partout. Chaque jour, une lecture, un petit bout de chemin avec moi, mon esprit se repose puis je la rejoins à nouveau au gré de mes envies et du temps que je lui accorde. Elle est essentielle à ma vie.

À mes collègues et mes patients qui me soutiennent dans ce projet.

À toi mon abeille, qui m'a accompagné pendant ces longs mois de travail, ainsi que dans toutes mes périodes de doutes, de peurs, de tristesses. Tu as apporté tant d'amour et de soleil dans ma vie. Merci d'être à mes côtés chaque jour, je suis heureuse de te connaître, je continue de te découvrir et j'aime ce qui transparaît de toi. J'espère voler longtemps encore à tes côtés.

À tous les artistes pour qui j'ai une grande admiration, un grand respect, qui m'inspirent et me font rêver, ceux qui m'ont accompagné et m'accompagne aujourd'hui ; Yseult., France.G., Véronique.S., The corses., Alanis.M., The cranberries., Matthieu.C., Vanessa.P., Britney.S., Spices.G., Sain Supa C.., Tété, Pierre.P., Doc G., Passi., Nicolas.S., Calogero., Florent.P., Pascal.O., Alain.S., Pierre.P., Georges.B., Fabien.M., Foé., Ben.M., Marc.L., Soprano., Pomme., Clara.L., Angèle., Ehla., Poupie., Camélia.J., Juliette.A.,, Florence and the Machine., Christine and the Queens., Lanna del Rey., Claire.L., Aurora., Gael F., Suzanne., Louane., Jennifer., Duffy., Maelle., Hoshi., The Pirouettes., Léa.P., Lomepal., Orelsan... Il y en a tellement d'autres que je ne peux tout énumérer ici, car chaque jour je continue de découvrir de nouveaux talents qui me portent et qui m'aident à avancer dans la vie.

Avant-propos

On éprouve tous un jour le besoin de se réaliser.

Se réaliser en tant que personne à part entière, sans être la maman, le papa, la femme ou le mari, la femme ou l'homme d'affaires, celle ou celui qui n'a pas, celle ou celui qui n'est pas comme…

Se réaliser pour être la version de soi la plus authentique possible.

Devenir la femme ou l'homme que l'on souhaite être.

Accepter de découvrir toutes les failles de son soi, accepter de creuser dans les profondeurs de son âme pour aller vers la liberté de l'esprit.

Aimer les autres sans s'aimer soi-même n'a pas de sens. Apprendre à se connaître, à démêler les fils qui empêchent d'être, à se questionner, à savoir analyser, à pardonner, à se pardonner, à revenir à ce qui nous fait vibrer, à ce qui nous permet de se sentir exister, à développer ses capacités et accepter que l'on en possède soi-même.

C'est cela qui a du sens pour moi aujourd'hui.

Décider d'avancer

Rêver puis tout donner…

S'oublier, vouloir tout effacer, retourner vers ce passé…

Tout doucement **se réveiller**…

Avoir envie de mieux **t'aimer**…

Cette faute m'a rendue plus forte.

A tué le manque de confiance que je n'avais. Affronter la peine que j'ai causée.

Réaliser ce que je voulais ajouter dans ma vie,

Cela n'avait pas de prix.

Je voulais donner un autre sens à ma vie

Te montrer qui je suis.

Pas cette femme qui s'**efface**

Qui sans cesse ressasse ce qu'elle voulait à la place en suivant tes traces

Elle cherchait à se **ra**pprocher de ce qu'elle avait **rê**vé, contraire à cette réalité.

Ce qu'elle avait espéré et imaginé rien n'était.

Oui

Je voulais balayer ces pensées qui m'envahissaient

Ne pas vieillir avec des regrets.

Confronter mes songes à la réalité

Cela ne collait plus à ce moment donné

Tout venait d'exploser.

Un tsunami de désirs enfouis.
Personne ne m'avait dit.
J'ai appris avec toi la vraie vie,

Appris à saisir ce qu'il reste,

Le poids d'un seul mot d'un geste,

Celui de ce grand pas que tu as fait vers moi,

Il m'a donné envie d'en faire encore tant avec toi, de te chérir

un millier de fois, de sauver notre amour, de faire qu'il ne parte pas.

J'aurais voulu cent fois effacer, crois-moi,

Ce passé qui a rebondi sur toi.

Mais aujourd'hui cela a changé nos vies, J'en suis certaine aujourd'hui.

Notre destin, nous l'avons pris en main.

Nous n'avons pas lâché jusqu'à la fin.

Je t'ai choisi et pas par dépit.

Ta sensibilité, ta beauté, ton honnêteté.

Tout me plaisait

Ta combativité face à la vérité

Ton envie de me garder, t'a permis de te dévoiler dans ton intégralité,

A révélé chez moi cette envie de montrer toute ma personnalité.

Arrêter de me cacher

Prendre mes propres responsabilités.

J'ai aimé ta timidité comme tu as aimé sans doute ma spontanéité.

Dans tes bras je me suis sentie rassurée et j'ai aimé être bercée.

J'aimais ta stabilité, ton habileté.

J'aimais voir ton désir dans tes yeux qui me déshabillaient.

Tes morsures, tes traces, jamais je ne m'en lassais.

Rien ne s'effacera,

De toi, de nous je garde tout.

Dans mon cœur tu as toute ta place.

Probablement que chaque **amour** est **di**fférent.

Le tien pour moi a été puissant.

L'amour est vraiment **sur**prenant !

L'équilibre retrouvé, j'ai voulu de nouveau
m'envoler

À tes côtés, papillonner,
Que tout soit **par**donné, de chaque côté,
Qu'il n'existe plus pour nous de Secrets

La vie **a** décidé

Un autre chemin **nous atten**dait.

~

Être libre d'aimer

Rêver puis tout donner…
S'oublier, vouloir tout effacer,
retourner vers ce passé…
Tout doucement se réveiller…

Sous les étoiles je t'ai aimé.

Ta peau hâlée j'ai pu goûter.

Dans tes yeux j'ai pu plonger.

Sous ton regard intense,

je me suis libérée, de mes sentiments inavoués.

Grâce au plaisir que tu m'as donné,
L'ado blessée que j'ai été,
A pris son envol cet été.
De ton odeur je me suis imprégnée.
Pour l'éternité je veux me rappeler.
De tes baisers sur ma peau de lait.
Dans tes bras je me suis évadée.
Tes caresses m'ont apaisé.
Jamais je ne veux oublier.
Dans ma chair restera gravé,
Ce moment à tout jamais,
Jusqu'à mon dernier souffle expiré.

~

Espérance

J'écris les pages de ma vie.

Le présent, le passé, tout s'est **entremêlé**.

J'ai appris, j'ai grandi, et j'ai compris.

Il suffisait de **tirer sur un fil** pour que tout **soit plus facile**, pour que je trouve un sens à cette effervescence.

Je me suis construite, j'ai bâti un monde à moi, j'ai gravi des marches **pas à pas**, j'ai monté des murs **plus solides** à chaque fois.

C'est grâce à eux que j'avance, et au milieu desquels je danse.

Plus rien ne me fait peur, même dans mes errances.

Je me laisse porter, sans oublier, par tout ce à travers quoi je suis passée.

~

Espoir de Vivre

Souvent vous arrivez dans ce monde, vous le trouvez froid et

vous serez hostile à tout ça.

Ce monde **c'est** le mien, j'y suis bien, mais parce que ce n'est pas tout mon quotidien comme le tien.

J'espère ne jamais faire partie de ceux qui comme toi ne

rentrent pas chez eux. **Pour toi** c'est,

Un monde qui retient loin **des** tiens.

Pour nous,

Co**mmen**Ce une rencontre à travers le soin.

Alors, on vous tend la main

On est là pour vous et on vous soutient.

Loin de votre famille, tout est plus difficile.

Alors parfois vous baissez les armes, un orage passe, la rage fait surface.

Des larmes et on se parle, puis tout redevient calme.

La vie a moins de saveurs, vous devez faire face à vos plus grandes peurs.

Nous sommes là avec vous plusieurs heures. Nous éprouvons de la peine de voir tous vos malheurs. Tout est incertain, alors on peint notre plus beau sourire, ce n'est pas vraiment mentir, c'est notre manière de compatir,

Une manière d'affirmer que vous n'avez rien mérité de cette putain de vie enfermée.

Pourquoi certains comme toi **n'auront** pas le choix ?

Pourquoi ? À cause de **quoi ils ne verront pas leurs enfants** et petits-enfants faire leurs premiers pas,

manger du chocolat, de la barbe à papa, écouter du Mika, faire le p'tit rat de l'opéra, parler mal à leur papa, faire n'importe quoi, aller au cinéma, dire leur première fois.

Pourquoi moi je peux **vivre** tout ça ? Lui tenir la main, et l'aimer plus fort chaque matin. **Pourquoi toi** tu n'y as pas droit ? Je ne com**prends** **pas**, je n'ai pas la réponse à ça, comme toi je suis sans voix.

Je vis parfois avec cette mélancolie, car je sais que toi tu survis ou tu te bats pour garder la vie.

Alors je fais comme si tout allait et je croque la vie, je sais que la santé n'a pas de prix, toi elle t'a détruit.

Je maudis, je ne sais pas qui, d'avoir pris et gâché toutes ces vies.

Parfois dans un rêve je te regarde et je te parle.

Parfois dans la nuit avec toi je me bats.

Parfois j'ai espoir dans cette nuit noire, je me dis qu'il faut continuer à y croire.

Oui rien n'est **fa**cile.

On vous accompagne, on reste calme, mais à l'intérieur c'est le flou total, parfois on surfe sur la vague, l'écume nous entoure et nous pousse, on est solide, tout est **flu**ide.

Parfois le vent fouette notre âme, notre cœur est **fa**de.

Parfois c'est la noyade, alors on s'échappe loin de cette **tor**nade.

Vos petits moments de bien-être sont souvent éphémères, nous sommes fiers de vous apporter un peu de joie parfois, de partager un moment de fou rire, d'être surpris par votre répartie.

Apprenti comédien, tu deviens ironique, sarcastique.

De vraies artistes nos plaisantins parfois c'est vous qui égayez nos matins.

Avec plein de malice, votre esprit redevient ouvert au possible demain.

J'aime pouvoir capter vos yeux farceurs ou bien rêveurs, être attentive à votre état d'esprit et toujours faire honneur à votre bonne humeur.

C'est dé**licat** de voir tous vos états, d'être aussi prêt de l'**hum**ain qu'il y a derrière chacun.

J'aimerais que tu saches,

Nous gardons en nous plein de petits bouts de Vous.

Vos Visages laissent une trace. Vos histoires marquent nos Vies et notre esprit.

Dans un moment de vie, une étincelle jaillit, en une seconde il peut y avoir un souvenir de vous enfoui, qui traverse mon esprit et l'embellit.

Ce que je retiens c'est qu'il existe un puits infini de raisons d'aimer la vie.

Tout ça me donne une force de plus chaque matin de venir te tenir la main toi qui en as tant besoin.

~

Remercions notre terre

Dans la nature existent des beautés insoupçonnées.

Des trésors enfouis qui peuvent se découvrir grâce aux bruits qu'ils émettent.

Offrez-lui ce cadeau d'écouter chaque son si discret, vous verrez ce qu'elle a à vous raconter.

Osez prendre le temps de vous poser, d'observer et d'apprécier sa beauté.

La magie de la nature agit, quand elle voit des hommes attendris,

Par leurs yeux éblouis de ces petits moments de bonheur plein de vie.

C'est une source de joie, elle aime se faire reconnaître, savoir qu'elle apporte le bien-être.

Elle a la bonté de vous réveiller par un doux soleil l'été, elle ressource et libère le mauvais qui est ancré.

Elle vous redonne l'énergie qui était, si vous savez l'aimer.

De merveilleux mystères, elle suggère.

Fermez les yeux et imaginez-vous face à la mer, sentez l'air et les embruns sur vos paupières,

Voyez comme vous pouvez être transporté par ce bruit mouvementé

Des vagues qui viennent doucement se poser à vos pieds.

Un plaisir simple que nous pouvons tous imaginer,

Marcher dans une forêt, que peut-on bien y trouver me direz-vous ?

La tranquillité, je vous répondrais.

Dans un moment de plénitude, vous pourrez retrouver une certaine amitié avec votre âme oubliée.

Elle est l'amie la plus fidèle qui puisse exister,

Tous vos sens seront décuplés.

Ce vaste espace autour de toi, te rappellera qu'elle est importante, mais fragile à la fois.

Sa présence est tout autour de toi, partout où tu vas, elle t'apporte l'oxygène que tu reçois.

C'est ta Terre, c'est elle qui te recouvrira et te consumera.

Voyez cette étendue d'arbres au-dessus de vous qui rappelle que c'est elle qui gagnera toujours et pas vous,

Regardez ces racines enterrées. Bien avant vous, se sont installées et pour l'éternité.

Alors, promettez d'aimer la nature et de ne pas la maltraiter. C'est tout ça que les aînés devraient inculquer en premier à tous les nouveau-nés.

Savoir transmettre les vraies richesses qu'il y a à nos pieds avant de vouloir déshumaniser ce monde réel qui nous a vu naître.

Les Hommes souhaitent-ils vraiment pour notre avenir, devenir de vrais cyborgs d'une nouvelle ère, dans un autre univers ?

Qui sont ces êtres qui osent saccager ce qu'ils n'ont pas eux-mêmes créé ?

Pourquoi ne pas plutôt faire tout pour sauver ce qui est ?

La complexité et l'absurdité chez l'humain sont si déconcertantes,

Comparé au naturel de la terre mourante qui doucement s'éteint,

mais restera gagnante.

~

Transmettre

J'aime écouter l'âme des enfants qui jamais ne ment et souvent nous surprend.

Leurs mots font sens quand on y repense,

Ce sont eux qui nous aident à nous élever, à nous améliorer dans notre parentalité. Si on sait réfléchir, se poser, se questionner, balayer nos idées parfois arrêtées, ils nous permettent de nous élever.

Avec eux on apprend à se relâcher,

On garde les pieds sur terre,

On apprend à se taire.........................

J'aime écouter leurs sentiments, valider qu'ils sont importants.

On se doit de leur dire qu'ils ont le choix, et que leur voix est un droit.

Leur vitalité me donne de l'entrain pour affronter chaque lendemain.

Pour eux je veux sans cesse prouver, ce que c'est de persévérer.

Pour eux je ne veux rien lâcher,

Leur montrer qu'il faut tout faire pour avancer.

Je souhaite qu'ils s'aiment et se soutiennent, qu'ils appréhendent qu'on soit plus fort ensemble.

Je désire qu'ils apprennent le mot fraternité, qu'ils se rendent compte de ce en quoi ils sont doués, qu'ils gardent en eux leur curiosité.

J'ai envie qu'ils prennent en compte toutes leurs qualités. J'aspire qu'ils puissent les affiner, afin d'améliorer leur chance d'être des êtres humains plus équilibrés, et surtout j'aimerais qu'ils restent aussi gais.

Je souhaiterais qu'ils puissent découvrir en eux toute la beauté de leur âme.

J'ambitionne qu'ils soient des Hommes bons, qu'ils prennent conscience de leur singularité.

Je voudrais qu'ils n'aient pas peur de faire des erreurs, qu'ils sachent apprendre d'elles à toute heure.

J'aimerais qu'ils comprennent qu'ils sont dans un monde où se jouent encore de grandes inégalités, qu'il s'y cache des dangers,

Ceux-ci seront plus nombreux pour celui qui n'affronte pas ces fragilités

Et se laisse doucement écraser.

J'espère que nous pourrons leur donner assez de bases, celles fondées sur les valeurs que nous avons héritées, celles que nous voulons transférer pour qu'elles puissent subsister.

Chaque Homme a des réflexes innés face à toute menace.

Je n'aimerais pas qu'ils se fassent blesser, alors je fais tout pour leur donner le maximum de clés,

Espérant, qu'ils soient le mieux armés face à l'adversité de ce monde, dans lequel ils vont avancer, et ce jusqu'à ce qu'ils soient prêts, à partir cheminer vers leur destinée.

J'espère de tout cœur qu'on puisse les aider à se réaliser.

J'espère réussir à les tenir loin des difficultés, tout en restant toujours là pour les accompagner.

~

Une force humaine

Un enfant peut être vu comme le prolongement de soi. Il nous renvoie l'image de l'enfant d'autrefois.

Celui qui sommeille en toi se rappelle parfois quand tu le vois comme il est bon de ne pas oublier ce petit Homme plein de joie.

Celui qui rêvait si souvent avant.

Celui qui aspirait à tant, tout en restant innocent du monde des grands.

Quand je regarde mes enfants, je me dis que la vie est jolie.
Je suis chanceuse d'avoir pu donner la vie.

Grâce à eux, mon cœur est rempli de mille merveilles,

Avec leurs petits corps ils m'apportent des millions de trésors.

Ils ont une grande vivacité, beaucoup de gaieté, ils sont tellement vrais, Leur amour est inégalé.

Tous les jours,
Je m'éveille,
J'aspire à voir le
soleil dans le ciel,
Je souris en
souhaitant que jamais
rien ne m'arrache
ces plus belles perles
couleur
vermeilles.

À chaque fois qu'ils me prennent dans leurs petits bras,

Je ressens le bonheur au plus profond de mon cœur.

~

Neige

Neige oh ma neige adorée, grâce à toi mon cœur est bien réchauffé.

Mes yeux se sont
ouverts sur ce doux
paysage de beauté.

Tu magnifies tout ce
que tu recouvres de ta
belle parure blanche.

Je me nourris de ce
cadeau que tu me fais
en ce matin gelé.

J'ouvre grand mes
yeux pour t'observer
et je danse.

Plus j'avance, plus je
suis en joie, je laisse
la trace de mes pas.

Le sourire aux lèvres
je me sens en émoi

Je m'imprègne de ton
éclat, douce comme la soie

Sur un nuage, je rêve à t'inventer une voix

Tu imposes le calme autour de toi

T'humaniser te rend pleinement là

~

Vérité Cachée

Toi qui veilles en moi, lorsque tu me rappelles à toi, tu appelles toute ma sensibilité, alors j'ai envie de m'évader, alors je crée pour te faire passer.

Je veux rendre ma vie plus folle, plus gaie, faire qu'elle soit moins ordonnée, plus frivole, ça me plaît. Envie de me sentir exister, avoir des fous rires, chanter, danser, vibrer, m'arrêter puis respirer, m'extasier devant l'immensité de ce monde sous mes pieds. Il me fait ressentir toute l'humilité qu'elle peut

créer. **Vérité Cachée**,

Dis-moi pourquoi tu renais de tes cendres en ce mois de Novembre.
Toi soudain tu réapparais parce que ça te plaît. Moi je n'avais pas décidé, mais j'accepte ce que tu m'as apporté. **Vérité Cachée**,

Avec toi je m'éloigne du rivage où j'aurais pu sombrer et doucement me noyer.
À la place je veux sauver et faire subsister ce que je sais pour l'éternité.

Vérité Cachée,

Maintenant me voilà dans mon élément, je me prends pour un aimant, tu m'attires et je me sens plus puissant.

Je suis libre de me déplacer, je forme de nouveau une seule entité.
Je ne serai plus autant dispersée, enfin je me suis retrouvée.

Vérité Cachée,

Laisse-moi te prouver que depuis toi tous mes sens sont décuplés.
Avec eux j'ai foudroyé ce qui me paralysait.
Laisse-moi te montrer que derrière toi il y a mon cœur qui bat.

Maintenant, je reste droite et je suis vraiment moi.

~

Partie

Mon amie tu es partie d'une manière si subite.

Un jour comme ça, sans m'avoir éclairée, sur les raisons de ton retrait de ma vie.

Comme ça tu es partie.

Tu m'as plongé dans l'abîme, celui de ma réflexion.

Existe-t-il une doctrine sur l'amitié vraie ?

Pourquoi mon affection était-elle en opposition avec cette relation ?

Mon amie, un jour, comme ça tu es partie.

Tu n'as pas daigné m'affronter, pour démêler

Les fils de ton incompréhension

Face à mes pensées sur notre amitié.

Je reste déroutée par ce que tu m'as imposé.

Une simple conversation il aurait nécessité.

Je reste interpellée,

Face à ton esprit d'une soudaine imperméabilité,

Face à ta détermination à me considérer.

Voyais-tu en moi une rivalité face à ce nouveau bonheur tant convoité ?

Je ne t'ai pas reconnue.

Où était la personne pleine de vie avec une grande humanité ?

Celle avec qui j'avais tant partagé.

Pourquoi n'as-tu pas su raisonner avant de me classer ?

Je n'aspirais pas à gagner une exclusivité, seulement j'avais un poids en moi et besoin d'en parler.

Pourquoi as-tu fait ce choix d'abandonner notre sororité ?

Je reste estomaquée

Sur le coup profondément blessée.

Toutes mes questions restées en suspens.

Aujourd'hui, elles sont mises de côté,

Au cas où tu voudrais répliquer.

Ma porte n'est pas fermée.

Je prends ma plume et j'écris.

Si tu admets un jour que ce n'est pas une attitude adaptée de se sauver,

Ce serait une manière de valider, que je n'ai rien gâché, que cette amitié a compté.

Je reste **ba**ba et toi ?

Peut-être un jour, tu seras à ton tour **hu**miliée.

Peut-être alors, seulement là tu te rappel**le**ras,

Tu sauras que tu n'as pas toujours su **es**timer les gens qui t'ont aimé.

C**omme** ça tu **es par**tie.

Pourquoi tu es rentrée dans ma vie pour t'éclipser tel un vautour sans amour.

Il se sert ce qu'il veut de sa proie, la mâche et s'en va.

Je ne te souhaite pas de ressentir cela.

Je reste mé**du**sée, tu m'as bien berné.

Tu me laisses un souvenir **sau**mâtre, un goût âpre, de ta soi-disant sincé**ri**té.

Je n'avais imaginé ni souhaité que cela puisse **a**rriver.

Comme ça tu es partie.

Lorsque je revois tous nos moments de vie partagés.

Je reste stupéfaite.

Je ne serai jamais indifférente.

Je suis et je resterai une personne vraie

Quitte à me faire blesser

Comme ça tu es partie.

Merci mon amie.

Ce mensonge reste dans un tiroir.

Aujourd'hui je peux me regarder dans un miroir sans te voir.

Cette fable laisse en moi une trace.

Avec elle dans ma mémoire,

J'ai espoir de croire.

En d'autres belles histoires où seront mises à l'honneur les valeurs de chacun.

Après l'incompréhension.

La plus sage des décisions est sans doute le pardon.

~

La différence a un sens

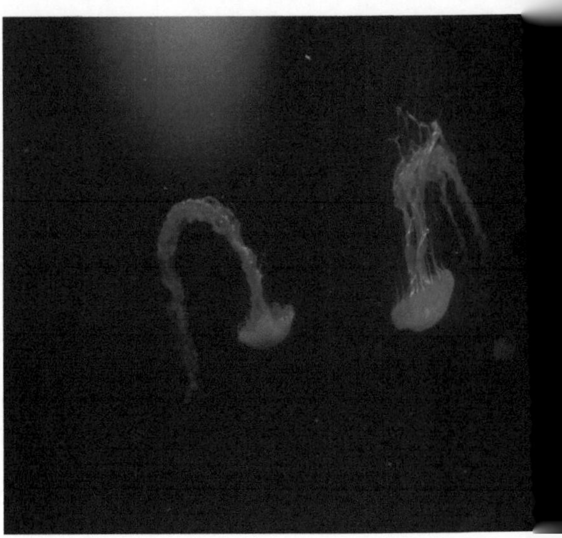

Quelle différence, entre toi et moi ?

De nombreuses fois je perçois chez toi des côtés que je n'ai pas, qui font de toi un être divergent, c'est pour ça que je t'aime tant.

J'aime cette différence qui pousse à la curiosité.

À la recherche de ta personnalité, de tes bons et mauvais côtés,

Qui font de toi une personne au singulier.

C'est important de pouvoir se dissocier des autres pour exister.

J'aime quand un être sait me captiver.

J'aime me sentir intriguée.

Par cette différence, qui nous permet de nous comparer, d'apprécier, d'estimer l'autre dans ce qu'il est, sans être mauvais.

L'important est d'apprendre à se servir de ces sens, afin de pouvoir prendre conscience.

Chaque Homme né sur cette terre, est sans doute une

poussière dans tout l'univers,

Il est comme toi un être, qui a sa raison d'être.

E**ssaie** de **toujours** faire preuve de la plus grande humanité, quand l'autre traverse des difficultés.

J'aime cette différence qui sait nous attirer,
alors nos deux êtres peuvent fusionner ou se
détacher, s'aimer ou pas, d'amour comme
d'amitié.

Les êtres souvent aiment se rapprocher dans l'altérité.

Ces relations sont riches d'enseignement,

elles apportent une certaine **perCeption**,

Celle de l'**ouver**ture à l'autre,

Aiguisant chez nous un esprit de

compréhen**sion**.

Elles cassent les représentations,

Éclairent l'esprit de nombreuses notions,

On fait preuve de plus de discernement,

Notre âme jamais ne nous ment.

Dans la différence il y a une bonne ambiance

Différence n'est pas distance

On peut la voir comme un enrichissement de l'existence

~

Toi qui as toujours su me bercer

Ton désir d'être mère m'a permis d'être sur terre.

Ton corps m'a couvé, dans ce monde où tu
m'attendais.

Ta tête m'a imaginé, puis me voilà née,
Une inoubliable arrivée.

Tes yeux pour me veiller, tes mains pour
me dorloter, me transmettre, me soigner.

Ton cœur pour m'aimer, ton courage pour tout
supporter, avec l'énergie que je t'apportais.
Ta bonne humeur pour dédramatiser, pour égayer nos
journées.
Ta patience, pour ceux, à qui tu as tant donné.
Tes caresses qui savent apaiser, les maux quand il le faut.

Ta fragilité fait ta beauté, je l'aime et de toi je l'ai héritée.

Ton esprit parfois si fort m'émerveille, avec lui tu as su

avancer, j'ai puisé dans ce modèle pour apprendre à persévérer.

Tes paroles résonnent souvent, en moi comme une clé.

Je suis ton sang, je sais que ce n'est plus comme avant, et que

je n'ai plus quinze ans,

Pourtant bon sang, je voudrais tout le temps, pour me protéger,

rester cet enfant d'antan.

Moi, t'aimer pour l'éternité

Ton âme, à moi, pour la vie connectée.

Maman tu es et tu resteras, la femme la plus indispensable.

Seule toi sauras toujours de quoi je parle, lorsque je tangue et

manque de rester stable.

Tu sais et tu sens instinctivement ce qui m'est vital.

Je t'aime tellement, grâce à toi rien ne me semble

insurmontable.

~

Non-dit

Pas insensible à ton état
Une raison en écho, une voix
Traduction d'une souffrance en toi
Compte rendu de ton désarroi

Se dépasser, il faut y croire
Désespoir qui de toi s'empare
Une main tendue, preuve d'un savoir
Aimer, petit à petit panser

Prisonnier de toi, douleur causée
Tristesse éprouvée, voire pleurer
Envie de crier, te secouer
Parler, apprendre c'est un grand pas

Concrétisation de projets
De nombreuses possibilités
Parvenir à choisir
Changer son avenir

Accepter de se sentir mal
Ne pas croire que c'est anormal
Se confier, pour se dévoiler
Dire qui l'on est n'est pas inné
Fragilité, accepter, pleurer,
En avoir assez
Se laisser aller
Ne rien enclencher
Liberté de penser, de croire

Objectif de vibrer, espoir

Pas facile, trouver l'équilibre
Se sentir considéré, vivre,

D'une façon qui nous correspond
Sérénité, soyons zen, parlons
Te relâcher, te protéger
De ce mal qui veut te ronger

Ressources insoupçonnées en nous
Esprit en brouillard de ce tout

Quitter ce sentiment vague
Parfois vital d'écouter l'âme
Impression floue d'un idéal
J'crois au fantasme réalisable

Ami le temps, le mouvement
Ami l'amour, bouillonnement
Ami conscience, discernement
Ami du corps, être accueillant

Chemin construit, ami trahi
Certitude tombée dans l'oubli

Une Parole sincère qui a fui
Amertume, mensonge subi

Biche non admise a disparu
Chevreuil incompris l'a perdu.

~

On ne peut pas

On ne peut pas tout **connaître**, on ne peut pas tout laisser **transparaître**.

Des fois on a envie de **disparaître**, on a tous été sans doute **paumés**, on s'est parfois senti **brisé**.

On a eu envie de tout **casser**, de se **cogner**, on s'est senti **enragé**.

On a aussi été **blessé**, on s'est fait **léser**.

Comment ne pas chercher à évacuer les **mauvaises** pensées, quand tout autour de nous n'est plus **sensé**.

Alors quoi, on se fait tatouer, on se met à crier ou à chanter, on se met à écrire pour mieux s'analyser, on pose sur le papier nos plus inavouables pensées pour évacuer.

On se met à créer pour s'éveiller, on tâche de peindre, de crayonner pour se dévoiler, on partage ce qui nous fait nous transporter, on lit pour s'évader et mettre en veille nos plus vives tensions.

On écoute les plus belles chansons, celles qui se rapprochent le plus de nos sensations, on s'appuie sur celles qui comprennent le mieux ce qu'on ressent.

On a envie de se retrouver, de se sentir existant.

On ne peut pas tout connaître, on ne peut pas tout laisser transparaître.

Des fois on a envie de disparaître, on a tous été sans doute paumés, on s'est parfois senti brisé.

On a eu envie de tout casser, de se cogner, on s'est senti enragé.

On a aussi été blessé, on s'est fait léser.

Comment ne pas chercher à évacuer les mauvaises pensées, quand tout autour de nous n'est plus sensé.

On a parfois du mal à savoir ce qui s'empare de notre bonne humeur, on se prend la tête parfois des heures.

Puis on essaie d'oublier ces démons qui ne font pourtant pas de nous des gens minables.

Souvent on se laisse submerger par nos émotions si brutales, nos idées abominables.

Par conséquent, je me sens parfois quelqu'un de détestable, je sais que je t'ai fait du mal.

J'ai du mal à me comprendre,

J'aimerais tellement ne plus entendre, et que cela ne soit pas si exact, mais je reste raisonnable.

On a tous pris un jour conscience d'avoir blessé quelqu'un, une personne qu'on aimait plus que bien, sans avoir prémédité.

On ne peut pas tout **connaître**, on ne peut pas tout laisser **transparaître**.

Des fois on a envie de **disparaître**, on a tous été sans doute **paumés**, on s'est parfois senti **brisé**.

On a eu envie de tout **casser**, de se **cogner**, on s'est senti **enragé**.

On a aussi été **blessé**, on s'est fait **léser**.

Comment ne pas chercher à évacuer les **mauvaises** pensées, quand tout autour de nous n'est plus **sensé**.

On a tous plus d'une fois merdé dans notre existence, ça vous l'a déjà fait pas vrai ?

Et si on savait on aurait sans doute fait un pas de côté.

On a tous rêvé que tout ça n'avait pas existé, eu envie de tout arrêter.

Moi j'ai cru que c'était terminé, qu'une nouvelle issue plus
douce nous attendait.
Mais l'épée de Damoclès ne nous avait pas assez achevés.
Ça vous l'a déjà fait pas vrai ?

On ne peut pas tout **connaître**, on ne peut pas tout laisser
transparaître.
Des fois on a envie de **disparaître**, on a tous été sans doute
paumés, on s'est parfois senti **brisé**.
On a eu envie de tout **casser**, de se **cogner**, on s'est senti
enragé.
On a aussi été **blessé**, on s'est fait **léser**.
Comment ne pas chercher à évacuer les **mauvaises** pensées,
quand tout autour de nous n'est plus **sensé**.

Toutes vos croyances sont alors achevées,
D'un seul coup la flamme qui jaillissait vient hâtivement
fondre au-dessus de vos pieds.
Sous vos yeux, votre monde rassurant, complaisant est
expéditivement enterré.
Vous n'avez plus qu'à accepter, à affronter ce nouveau coup
qui vient de tomber.

C’est ça la vie, une roue qui tourne sans fin, peu de moments sereins.

C’est pour ça qu’on finit par apprécier le peu qui nous retient dans ce monde de chiens.

On ne peut pas tout **connaître**, on ne peut pas tout laisser **transparaître**.

Des fois on a envie de **disparaître**, on a tous été sans doute **paumés**, on s’est parfois senti **brisé**.

On a eu envie de tout **casser**, de se **cogner**, on s’est senti **enragé**.

On a aussi été **blessé**, on s’est fait **léser**.

Comment ne pas chercher à évacuer les **mauvaises** pensées, quand tout autour de nous n’est plus **sensé**.

~

Vers un meilleur avenir

Je ne sais plus, je tourne en rond, je me pose des milliards de questions.
Pourquoi ne pas plutôt faire une belle chanson avec toutes ces sensations ?

Écrire des mots qui évoqueraient les plus belles des émotions, des paroles qui apporteraient la gaieté à chaque pas que l'on fait.

Cette chanson serait alors la plus belle des alliées.

Alors, tous main dans la main, nous pourrions avancer.
Je voudrais que vous, mes amis, ma famille, tous les gens, ceux qui rendent la vie plus douce que vous m'accompagniez à inventer.
Inventer un autre monde, pas celui-ci dans lequel plus rien ne tourne rond.
Aller vers cette histoire qui est née ce jour gris d'automne morose, où j'ai préféré écrire des proses.
Ensemble nous pourrions créer cette cohésion, au lieu de rentrer en collision.
Embellir notre avenir, comment y parvenir ?

Faire qu'il soit fait de plus de moments vivants.

J'aime lorsque nous nous rassemblons sans anticipation.

Quand nous vivons ces instants emplis d'euphories, qui font qu'à ce moment-là nous kiffons la vie.

Nous subissons tous des moments perturbants.

Alors lors de ces occasions nous nous égayons instinctivement, soufflant sur toutes les complications.

Naturellement nous savons aller vers ce qui nous apporte davantage.

Je ne sais plus, je tourne en rond, je me pose des milliards de questions.

Pourquoi ne pas plutôt faire une belle chanson avec toutes ces sensations ?

Écrire des mots qui évoqueraient les plus belles des émotions, des paroles qui apporteraient la gaieté à chaque pas que l'on fait, cette chanson serait alors la plus belle des alliées.

Nous voyons bien comment l'humanité avance vers la passivité.

Osons dire stop à tout ce qui peut abîmer la beauté de notre terre.

Osons agir dans nos vies pour bousculer ce qui ne peut plus perdurer.

Soyons plus que les acteurs de nos vies.

Chantons en cœur, n'ayons pas peur de vouloir le meilleur.

Nous sommes tous des frères, des sœurs.

Cette planète nous a vus naître.

Il faut reconnaître qu'elle ne pourra pas héberger longtemps tous ces êtres qui très peu la respectent.

Que voulez-vous pour le monde de demain ?

Que chacun y soit bien ?

Pour cela, toujours tendre une main à ceux qui en ont besoin.

C'est cela aimer son prochain.

Solidaire on peut tous l'être,

Merci à tous ceux qui veulent le mieux, le mieux pour chaque être.

Je ne sais plus, je tourne en rond, je me pose des milliards de questions.

Pourquoi ne pas plutôt faire une belle chanson avec toutes ces sensations ?

Écrire des mots qui évoqueraient les plus belles des émotions, des paroles qui apporteraient la gaieté à chaque pas que l'on fait, cette chanson serait alors la plus belle des alliées.

~

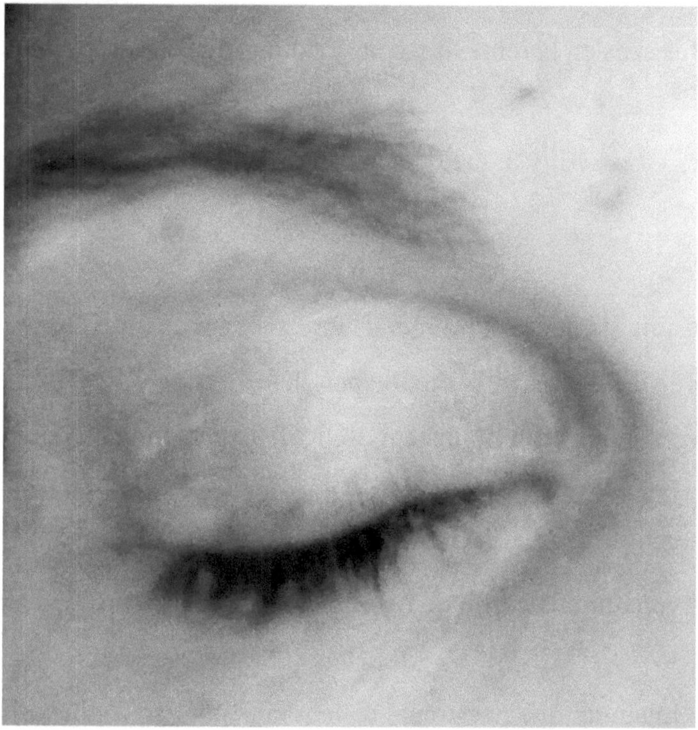

Perdre Pied

Je voudrais lire dans une boule de cristal.

Pourquoi écrire m'est devenu si vital ?

Tel un ange tu m'es tombé du ciel.

Avec toi je pourrais sûrement ouvrir mes ailes.

Cette rencontre me paraît si belle, pourtant je crois que j'en ai peur.

Mes sens en haleine, il y a au fond une question sans doute
essentielle.
Il y a quelque chose de substantiel.

Avec toi rien ne me gêne.
Je suis si curieuse, j'aimerais être avec toi comme dans un
monde parallèle.
Avons-nous droit un instant d'être cette personne qui aime ?
Avons-nous le droit de penser que nos vies s'entremêlent ?

Avons-nous le droit de rêver que nos mains pourraient se
toucher ?
D'imaginer que nos cœurs étaient faits pour se connecter ?
Comme des capteurs qui devaient correctement s'emboîter.
Je ne veux plus me forcer ni me cacher.

Je veux montrer ma beauté à nue je voudrais lire en toi ce que
tu penses vraiment de moi.
J'aimerais te révéler ta vraie beauté celle que pour le moment
personne ne connaît.
Ton âme m'a bouleversé.
Aujourd'hui je me sens paumée.
J'ai sans doute tout mélangé

Impossible de résister à écrire ce que j'aligne.

Ma tête me fusille.

Je ne peux pas rester tranquille.

Dans mon sommeil je viens de tomber, mon corps vient de sursauter.

Je ne peux pas m'apaiser.

J'ai essayé de méditer je n'ai pas su trouver la paix.

Ne m'en veux pas de t'apprécier tellement que je ne sais.

Je voudrais lire dans une boule de cristal.

Pourquoi écrire m'est devenu si vital ?

Tel un ange tu m'es tombé du ciel.

Avec toi je pourrais

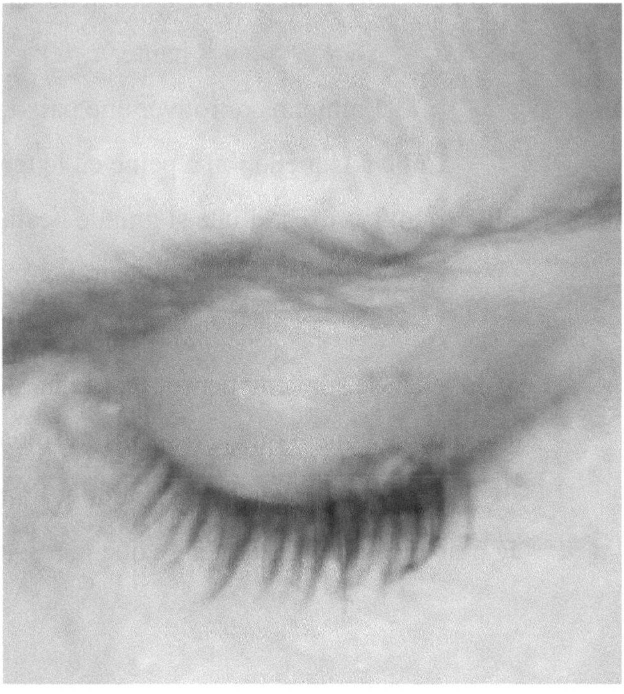

sûrement ouvrir mes ailes.

Je me demande si c'est toi que la terre a envoyé.
J'espère que tu pourras m'aider et ne pas me laisser tomber.
J'ai si peur de ton rejet.
J'ai peur de me noyer.
Je ne suis pas si forte.
Je n'arrive plus à respirer.
Mon corps tremble, je crois qu'à tout moment je pourrais perdre pied.
Comment faire pour résister à ces démons qui arrivent pour me hanter ?
J'aimerais retrouver une paix intérieure.
Celle à laquelle j'ai à peine eu le temps de goûter.
Pourquoi la vie est d'une si grande beauté et à la fois d'une aussi grande cruauté ?

Je te laisse sur cette pensée, car je ne sais plus m'arrêter.
Oui probablement que je ne sais plus bien où doit s'arrêter la limite entre l'amour et l'amitié.
Je n'arrive plus à discerner ce que je ressens et ce qui est vrai.

~

Insomnie

Voilà, il n'y a plus l'allumette, celle qui faisait briller mes yeux.

J'aimerais coller des gommettes pour effacer les traces de ces coups que tu as pris.

J'ai pour toi un désir inassouvi.

Ta silhouette est si parfaite, j'imagine que je te caresse avec toute ma tendresse.

Je touche tes pommettes qui rosissent de plus belle.

Il faudrait que je sois vraiment pompette pour avoir le cran de poser mes lèvres sur les tiennes.

J'ai l'impression que tu es une déesse.

Tes cheveux d'or me donnent envie de t'attirer contre moi rien qu'un peu.

Je voudrais connaître un jour ce contact physique, ce doit être intense, magique, cela mettrait sans doute des paillettes dans nos têtes.

Renaître avec toi me fait pousser des ailes.

En attendant la diète est mon p'tit déj.

Vidé mon corps ne peut plus rien garder.

Tout ce qui entre est rejeté.

Mon âme doit retrouver sa pureté.

Je suis comme un vase qui a débordé.

Je sens que je pourrais me noyer, je me sens souillée de toutes ces pensées.

Je me suis dévoilée, mais ça ne m'a pas délivré.

Je ne suis plus sensée ou tout ça n'est pas censé ?

Pourquoi je m'imagine que ma vie peut changer ?

Soudain tu apparais et je le voudrais.

Accepter l'autre tout entier, ce n'est pas toujours donné.

Mes ailes sont plus que froissées.

Qui m'aidera à les réparer ?

Pour mieux décoller, s'envoler pour mieux s'aimer.

Aimer une âme pour de vrai.

Sans cacher qui l'on est.

Ce secret sorti du plus profond.

Cette impression d'avoir été envoûtée.

Par une énergie, une force qui s'est emparée de moi pour doucement me tuer.

Comme si le temps s'était inversé.

Un esprit vient me chercher.

Il veut
m'emmener.

Je suis
paralysée.

Le jour vient de
se lever.

Je ne sais pas si
je dois exister.

Envie d'oublier
de m'oublier à
jamais.

M'endormir ne
plus me
réveiller.

Je pourrais alors
continuer de
rêver sans savoir
que ça ne pourra
pas se réaliser.

Je viens de vivre une insomnie, l'angoisse la plus terrible qui soit, le pire cauchemar de ma vie.

Je suis torturée par toutes mes pensées, je me perds.

Je voudrais n'être que poussière.

~

Reprenons le dessus sur notre perte de liberté

L'Homme est incompétent s'il continue de répéter les erreurs du passé.

Pourquoi ne pas s'instruire et transmettre à nos enfants un éventail plus complet de notre histoire ?

Pas simplement celui imposé aujourd'hui dans notre scolarité bien souvent inadapté.

Voyez bien ce qu'il en reste dans notre esprit à la maturité.

Beaucoup de faits antérieurs, dans d'autres époques, d'autres cultures, nous permettent aujourd'hui de comprendre le fonctionnement de l'Homme.

L'incapacité à ouvrir son esprit lorsqu'il ne sent pas une possibilité de maîtriser les sujets qui lui inspirent de l'incompréhension, insinuant en eux le dégoût de l'autre, la peur de l'emprise sur eux.

Pourquoi la société que nous avons créée perdure dans ces fautes immondes ?

Pourquoi l'Homme se laisse-t-il manipuler au lieu de penser ?

Pourquoi tant d'inégalités ont subsisté ?

Pourquoi sommes-nous fiers et enterrons la vérité ?

Pourquoi ne pas crier haut et fort que le savoir est la meilleure des réponses face à la cruauté de l'Homme dans toute l'humanité ?

Pourquoi toujours être lâche et mettre autant de temps à changer les choses ?

La volonté devrait suffire à la planète entière pour pouvoir créer un monde plus pur.

Un monde où la connaissance, l'amour, le partage, l'évolution devraient être à l'aube de nos priorités.

Non l'Homme complique, l'Homme bride ces pensées qui pourtant invoquent la paix.

L'Homme avance à pas de fourmis comme sur un nid.

Il n'ose pas trop écraser le panier qui est censé garder ses petits.

Il les enracine dans un modèle sacré auquel il ne faut surtout pas toucher.

Voilà l'Homme attend, et les horreurs reprendront.

Chaque jour qui passe, au lieu d'accélérer notre avancée, en ne voulant pas brusquer, ceux qui ne sont pas prêts, ceux qui ralentissent en mettant des freins aux bonnes idées.

Il y a ces atrocités qui à côté, grandissent incessamment. Pourquoi alors nous ne nous décidons pas ?

Soyons plus nombreux à parler, à exprimer nos belles idées pour vaincre ce fléau que nous perpétuons en restant muets et encolérés profondément contre ces monstres qui veulent nous dominer et qui essaient de brouiller notre clarté.

~

Un jour et tant d'émotions

Il y a souvent de l'incompréhension.

Nous sommes deux êtres, deux perceptions.

Avec toi toujours en contradiction.

Toi qui m'as humilié.

Toi qui n'as pas compris qui j'étais.

Certainement meilleure que ce que tu te dis.

Sûr qu'en me voyant ainsi désarmée, écrabouillée face à ta rigidité.

Ton manque d'humanité m'a déboussolé.

Comment peux-tu faire souffrir et ne jamais regretter ?

Ne crois pas que j'oublie à quel point tu m'as nui.

Avec toi j'ai subi, mais j'ai appris.

J'ai balayé de côté ce que tu m'as fait.

J'ai accepté qu'il y ait sans doute une part de vraie pour m'améliorer.

Toi tu n'as même pas tenté de mettre ton hostilité de côté. De marbre tu es restée.

Ton cœur a dû être brisé je ne sais.

Tu resteras fermée à toutes idées.

Je vais arrêter de persévérer à t'écouter.

Pourquoi perdre son temps, fatiguer son âme et user son cœur ?

Pourquoi moi je ferais cet effort de chercher à comprendre tes malheurs ?

Être bienveillante à ton égard n'a même pas d'effet miroir.

Tu ne vois que ton petit raisonnement,

Tu nous le rabâches à longueur de temps.

On aimerait ne pas t'entendre.

On te laisse cracher tes merveilleuses pensées de grande prêtresse.

On ignore on laisse couler non pas par maladresse.

Nos silences font la meilleure des armées, pour taire ton besoin de supériorité.

Tu nous imposes à tous ton côté lunatique.

Nous te donnons des sourires sarcastiques.

En cette journée où j'ai dit au revoir à un patient.

Je me couche avec l'espoir que d'autres vivront des victoires.

Le cœur empli du souvenir de son sourire.

Son corps relâché, je l'ai trouvé apaisé.

Comme lui, je vais me laisser aller.

J’espère rêver ce soir l’esprit plus quiet.

La lune cette nuit est belle, la vie vaut la peine de croire.

Je ne veux pas me mettre en colère ce soir.

Je désire rester paisible pour m’endormir.

Laisser place à mon imagination, accepter mes émotions, ne pas fuir, mais les écrire.

Puis lâcher mon crayon, m’oublier, écouter où me mènent mes aspirations. Tu as fermé tes yeux sur ce monde pénible, car pour toi il a été nuisible.

Moi je les ouvrirai demain et tenterai de résoudre le maximum d’énigmes.

~

Libération

Comment sortir de son joli cocon blanc ? Tel un petit papillon, qui a envie d'évasion.

Après un long temps d'hibernation vient celle de la transformation par l'éclosion.

Il se pose, puis s'envole, colore la nature et laisse place à l'imagination.

Je me déleste sur le papier de mes sentiments, de mes pensées.

Mon âme aime puisqu'elle se sent plus apaisée.

Mon cœur peut de nouveau redémarrer, il se sent plus léger, sa batterie rechargée.

Je ne veux pas oublier, cela m'aide à avancer.

Je pose mes mots en poèmes, ceux que je n'arrive pas exprimer en mots parlés.

Pour ne pas rester morose, je déverse mes émotions, sans le savoir, je fais des proses.

J'aimerais que toute cette histoire, soit un jour porteuse d'espoir, pour des jeunes à qui l'ont fait croire, qu'ils ne gagneront jamais de victoire avec leurs pauvres rêves et leurs petites mémoires.

À ces gamins en qui personne n'a su voir d'atouts.

Seulement des enfants perdus qui ne savent faire que les singes, qui paraissent mauvais en tout.
C'est aussi pour eux que la société devrait changer.
Au lieu de les étiqueter, leur faire une vraie place, reconnaître qu'ils sont doués, leur accorder l'attention qui leur a manqué pour aider ceux que l'on peut encore sauver.

Les mettre à l'écart, les a souvent blessés.
A provoqué chez eux un besoin de se renfermer.
Le sentiment d'incompréhension les a amenés à penser qu'ils n'auraient peut-être pas dû exister.
Étant donné qu'aucune place ne leur était attribuée.
Cela a créé en eux des mines prêtes à exploser, comme des bombes enterrées dans le sable puis oubliées.
Pas à pas, ils avancent dans la vie en ayant à l'esprit, que s'ils sont souvent incompris, c'est qu'ils n'ont pas bien appris.
Ils s'enfoncent, pensent qu'ils ont tout détruit.
Leur comportement leur nuit, ils pensent que tout est fini.
Ils croient qu'ils n'ont plus de chance pour leur vie.
Pourtant parfois, dans leurs nuits imaginaires, un instant,
Ils se voient avoir réussi, comme par magie.
Pourquoi ressentent-ils ça ?
Comment ? Qui ? Quoi ? Leur a laissé intégrer ça ?

Comment peut-on dire à un enfant qu'il n'a pas les moyens de réaliser ses projets ?
Comment peut-on le laisser sous-entendre qu'il n'a pas assez d'intelligence pour évoluer vers l'objectif qu'il s'était fixé ?
À ce jour, je commence juste à comprendre que cette petite voix-là a eu un effet plus que nocif sur moi. J'ai été privée de ce choix que j'avais fait, alors qu'à cet âge-là j'avais voulu croire en moi.
Plus jamais après l'acceptation de cette sentence-là, je n'ai su croire en moi.
Ce juge m'a volé le peu d'estime que j'avais déjà.
C'est pour le faux pas de cet homme-là qui n'a pas un seul instant pensé, mais qui a maintenu son idée restant de marbre, qu'aujourd'hui, l'écorce qui était enfouie sous terre essaie de renaître tel un arbre.
Je deviendrais le bourgeon accroché à sa branche qui attend paisiblement le beau temps et alors.
Soudain, sentant le printemps arriver, j'aurai envie d'éclore.
Lors de mon éclosion, je naîtrais rose pâle, je serais telle une fleur de Sakura rare.
J'apprendrais à m'aimer, la beauté de mon enveloppe aspirant à faire rêver.
J'aurais alors envie d'exister, de vivre la vie dans son intégralité.
J'oserais me dévoiler au monde entier, sans me cacher.

Le silence et le dilemme

Le silence est parfois trop intense, il peut devenir obsédant quand on y pense.

Lorsqu'on désire inlassablement que l'autre nous fasse un signe. Mais l'attente est constante. Alors le pire on imagine.

Comment fait-on pour vaincre ce rien qu'il y a devant nous ? À cause de lui on n'a plus d'entrain, on veut ça et c'est tout.

Comment peut-on s'en remettre, si ce blanc reste malheureusement comme l'absence de retour d'une lettre ?

Ce vide fait souffrir inutilement et on est dépendant de lui continuellement.

Notre seule arme contre ce mal est le temps qui passe et qui nous aidera à oublier ce besoin insatisfait, immuable.

Ce silence ramène à ce qu'on veut au fond de soi, à ce qu'on attend ou pas de cette répartie pour faire son choix.

Que signifie cette attente, pourquoi ? serait-on dépendant de l'écho de l'autre pour être soi ?

Prendre une décision s'avère parfois lourde de pression.

Cela peut devenir un puits infini de questions.

Il semble impensable d'entraîner avec soi ceux qu'on aime par compassion.

Cela demande l'audace d'assumer sa propre conclusion.

Cela sans pouvoir maîtriser les réactions qui pourront avoir comme effet votre condamnation.

On ne peut alors qu'espérer et se dire qu'un soulagement aura le bienfait de contrebalancer nos émotions chaotiques du moment.

Que choisir ? Qu'est-ce qui aidera à déterminer ce dilemme ?

Réfléchir, s'enfuir, dire ou se nuire ?
Faire son choix.
Et voir ce qui adviendra.

~

Un jour ma joie de Vivre j'ai oublié

Mon regard **ha**gard.

Il **n'est** pas trop tard.

Mes pen**sées** sont-elles vraies ?

Dans ma tê**te**, **mélan**gées.

Pourquoi attend**re** d'être une bascule ?

D'avoir autant **d'a**mer**tume** ?

Au lieu d'**a**vancer, je r**ecule**

De plus en plus me bouscule

Santé mentale, tu n'es pas **sta**ble.

Te veiller pour étouffer,

Ce qui pourrait m'faire **vri**ller.

Ma fée seule me **co**nnaît.

Elle sait identifier,

Ce qui est le faux, ce qui est le vrai.

Me sentir loin de toi,

Difficile plus qu'une fois.

Effrayée de vivre ça toutes ces années

Pendant longtemps je n'ai pas su qui j'étais.

Mon bien-être est plus que vital,

Mon petit bonheur fondamental.

Mon passé ne peut changer.

Mon chemin pas terminé

Ma destinée personne ne connaît.

Mes projets peuvent changer.

Ma vie encore devant.

Sentiments importants.

Pas de caprices d'enfants,

Ne plus réfléchir autant.

Ma cage dorée n'a pas à s'imposer.

Ma bonté n'est pas toujours méritée.

Besoin de pétillant c'est aussi éminent.

Mains abîmées d'avoir travaillé.

Corps très marqué par ce passé.

Esprit fatigué d'avoir supporté.

Cœur bien fêlé

A accepté.

Me rassurer,

Ne rien lâcher.

Vivre cette réalité.

Ne pas se **ren**fermer.

Peur de ce choc passé,

Crainte de **réi**térer.

Une peur plus que profonde que je parte de ce monde.

Mon présent pas flamboyant.

Mon sourire souvent **vous** ment.

Mes choix peuvent me sauver au lieu de m'effacer.

~

L'eau, la vie

L'eau n'est pas seulement une molécule H20.

Elle est la beauté naturelle par sa transparence, elle peut apporter un sentiment de volupté intense.

Elle est la perle rare pour de nombreuses terres qui l'espèrent tôt ou tard.

Elle est la pureté par tous les minéraux qu'elle contient, qui apportent à chaque Homme ce dont il a besoin.

Elle est la douceur par sa fluidité si on la regarde couler, elle sait nous transporter.

Elle nous apporte la fraîcheur l'été, elle nous aide à nous désaltérer lorsqu'on a la chance de pouvoir la goûter.

Elle est si importante et pourtant l'Homme en oublie sa rareté lorsqu'il ouvre son robinet.

Elle a la force que l'Homme n'aura jamais, elle seule peut créer.

Comment fera-t-on si elle disparaît ?

Elle peut à elle seule détruire par son énergie surdimensionnée. Les tornades, les tsunamis, les ouragans sont des démonstrations de sa puissance que l'on ne peut pas toujours anticiper.

Elle est un des cinq éléments, que l'on ne respecte pas assez au détriment de ceux à qui elle manque tant.

Notre planète en recèle une certaine quantité, mais plus assez pour qu'elle puisse subsister des millions d'années.

Que fera-t-on pour sauver notre terre de ce désastre que nous sommes en train de provoquer les yeux grands écarquillés ?

Que dira-t-on à nos enfants que nous ne pourrons plus abreuver de cette ressource ? Car progressivement, nous ne pourrons plus en disposer en quantité suffisante pour qu'ils puissent correctement se développer ?

N'a-t-on pas assez eu d'avertissement de la part des Hommes qui étudient sa rapide disparition sur de nombreux continents ?

Attend-on la famine, la mort, la disparition de toutes nos cultures, la guerre, les manifestations d'un peuple apeuré ? Pour se rendre compte que c'est un combat qu'on aurait dû mener.

Chaque peuple pouvant reconnaître que c'est une priorité que de trouver des solutions.

Avec la solidarité, l'humanité, nous pouvons tant réaliser.

La monnaie que l'Homme a inventée impose tant de sacrifice, détourne ce qu'il y a de plus vital pour survivre, nous fait faire de mauvais choix pour l'univers entier.

Quel dommage de tant gaspiller, piller, modifier la planète, qui nous accueille, au lieu de la préserver, pour avec elle avancer.

Je suis sûrement très en colère et idéaliste sur ma façon de voir l'Homme et la terre. Mais je crois en nos capacités pour dépasser certaines problématiques sur l'environnement ? Je crois à notre adaptation à apprendre à vivre avec la nature si on arrête de faire semblant de ne pas voir, de se taire et de se satisfaire.

Il y a sûrement de bonnes idées chez l'Homme qui inclut la nature dans sa conception de la vie bonne.

Je suis touchée par le fait que nous disposions de cette richesse qui est l'eau, sans la respecter assez. Je suis outrée que nous n'ayons pas assez conscience dans nos populations privilégiées qu'un jour elle sera par notre faute épuisée.

Transmettons à nos enfants son utilité, sa nécessité, sa rareté pour qu'ils grandissent avec ce respect pour elle et qu'ils puissent l'inclure dans le développement de leurs pensées comme une pierre précieuse qu'il faudra continuer à vénérer.

~

Le tic-tac permanent

Comment utiliser le temps à bon escient ?

Notre vie est rythmée par ce tic-tac incessant.

Qui ne rêve pas de mettre cette horloge sur pause un instant.

Ce chronomètre si souvent Oppressant et stressant.

Cette invention nous impose une vie de course insensée, l'élaboration d'un planning permanent.

J'aimerais m'éveiller avec le rayon du soleil sur les paupières,

Le chant des oiseaux comme acoustique,

Me coucher avec le clair de lune,

La noirceur du ciel, les astres qui scintillent de leurs lueurs fantastiques.

Si seulement je pouvais vivre ce rêve une journée où le temps s'arrêterait,

Il ne me dicterait plus les secondes, les minutes et les heures que je dois respecter.

Ma journée rimerait avec simplicité, je réaliserais chaque chose avec autant d'assiduité.

Plus de respect pour la tâche à laquelle je devrais me consacrer.

Je réfléchirais en profondeur, sans omettre tous les aspects que je désire intégrer.

Ceux qui me semblent adaptés aux objectifs que je me suis fixée.

Toi qui cours après le temps.

Arrête-toi une minute.

Et respire profondément.

Concentre-toi sur ta respiration. Ton émotion du moment.

Sens ce qui te commande de courir si vite.

Rien ne te force à subir ce rythme.

La clé du temps toi seul peux décider de la libérer.

Son secret dort en toi, il ne demande qu'à être trouvé.

S'en foutre un instant et laisser le temps en suspens.

Comme un cliché qui enregistre sur le papier, l'importance de ce bonheur qui t'envahit.

Vivre le moment présent comme si c'était le dernier, la mort peut te surprendre.

Fonce pour ne pas te laisser prendre.

Inspire intensément l'air qui s'engouffre dans tes poumons.

Mets-toi dans ta bulle comme sur un nuage flottant dans les airs,

Tu te sens comme dans un cocon de soie imaginaire.

Tu peux maintenant te mettre à rêver, te laisser bercer par toutes tes pensées.

Ta créativité permet d'imaginer les plus beaux endroits où tu veux te réfugier.

Comme un livre ouvert, tu démarres ton histoire et tu commences par le départ.

Tu peux lire en toi tes souhaits les plus profonds, tous les désirs cachés que tu veux réaliser.

Au réveil, tu n'as pas conscience de ce que tu viens de découvrir et pourtant tu as l'impression de tout comprendre plus simplement.

Tu te laisses porter par ton instinct plus serein sans que tu saches vraiment d'où cela vient.

Mais tu t'en fous, tu te sens si bien, tu ne cherches pas plus loin.

À quoi bon tu n'as plus besoin de te torturer l'esprit.

Tu suis le chemin que tu as choisi.

Toi qui cours après le temps.
Arrête-toi une minute.
Et respire profondément.
Concentre-toi sur ta respiration.
Ton émotion du moment.
Sens ce qui te commande de courir si vite.
Rien ne te force à subir ce rythme.
La clé du temps toi seul peux décider de la libérer.
Son secret dort en toi, il ne demande qu'à être trouvé.
S'en foutre un instant et laisser le temps en suspens.
Comme un cliché qui enregistre sur le papier, l'importance de ce bonheur qui t'envahit.

Le réveil sonne alors que tu pousses la grille de ton nid magique, si rassurant et enveloppant.
Tu pars courir après le temps, les minutes défilent déjà comme les circuits à l'usine.
L'heure ne cesse de tourner seulement si tu appuies sur le off dans ta tête comme la manette qui commande le stop des machines.
Lorsque la machinerie s'arrête, l'homme se pause enfin et part profiter du temps qu'il lui reste.

Dans son lit l'homme se délasse, il regarde ses mains abîmées, preuves de son travail qui l'a rendu si las. Il s'endort éreinté, mais heureux, car à la fin de sa journée il s'est réchauffé le cœur avec un livre.
Il a embrassé celle avec qui il aime vivre.
Il a fermé les yeux pour retrouver son rêve inachevé de la veille.
Il aime tant ce moment où il peut repartir dans ses songes, lui seul est le maître du temps pendant son sommeil.

Toi qui cours après le temps.

Arrête-toi une minute.

Et respire profondément.

Concentre-toi sur ta respiration.

Ton émotion du moment.

Sens ce qui te commande de courir si vite.

Rien ne te force à subir ce rythme.

La clé du temps toi seul peux décider de la libérer.

Son secret dort en toi, il ne demande qu'à être trouvé.

S'en foutre un instant et laisser le temps en suspens.

Comme un cliché qui enregistre sur le papier, l'importance de ce bonheur qui t'envahit.

~

Des âmes en flottaison

Derrière vos yeux lumineux se cache une âme, celle d'un homme ou d'une femme.

Derrière cette apparence de femme et d'homme perdu, il y a une vie riche de souvenirs disparus.

Derrière vos sourires, on peut lire la crainte que vous avez à ne plus savoir qui l'on est lorsque l'on vient se présenter.

Derrière vos pas de danse assurés dort une mémoire d'acier pour des choses ancrées de votre lointain passé.

Derrière votre humeur changeante, vos réactions agressives, il y a la peur et l'anxiété causées par un manque de sécurité affective.
Derrière vos refus d'être soigné, il y a un sentiment d'incompréhension face à cette personne inconnue qui veut vous faire manger, vous piquer ou vous laver.

Derrière vos rondes dans les allées que vous aimez arpenter, il y a une personne qui cherche à se rassurer, à comprendre où elle est, qui parfois aimerait bien pouvoir se sauver, retrouver la liberté qu'on lui a ôtée.
Derrière votre sommeil agité, vos cauchemars répétés, il y a une absence de rythme, aucun désir de s'endormir. Le manque de repères spatio-temporels. L'utilité de l'heure n'a pour vous plus de raison d'être.

Derrière votre fenêtre vous regardez la vie, les arbres.
La nature reste quelque chose qui vous parle.
Derrière l'expression de votre visage et les rides qui ont laissé une trace de l'expérience passée, il y a, au monde exposé, vos émotions, vos sentiments intimes enfouis que l'on essaie de deviner, que l'on aimerait connaître pour mieux se rapprocher de la vérité de votre monde secret.

Derrière votre mutisme, votre calme et vos yeux dans le vague, on sent une pensée qui s'agite comme la mer un jour de tempête, le vent au-dessus d'elle tourbillonne tandis que le tonnerre gronde, les éclairs sont là comme si pour la terre c'était un jour de fête, alors que sous l'eau, les animaux marins restent tapis dans l'ombre des profondeurs, attendant que l'océan soit de nouveau apaisé et qu'ils ne ressentent plus de peur.

À leur tour ils pourront se remettre à danser, à sauter au-dessus de leur maison adorée tant vénérée pour sa force et sa beauté. Derrière les airs que vous chantonnez à tue-tête au moment de la toilette, il y a une empreinte indélébile, comme un automatisme qui a résisté à s'effacer, qui nous délivre une partie de vous soudain visible.

Derrière tous ces humains qui oublient le sens de la vie, nous pouvons apprendre et lire en eux l'importance de la connaissance de soi, la valeur de notre capacité à mémoriser, à ne pas ignorer qui l'on est, la nécessité de continuer à utiliser l'intelligence de l'humain pour chercher comment éviter ça.

Comment contrer l'atteinte future de cette partie de notre cerveau qui ne pourra plus se contrôler de façon innée ?

J’écris ce texte en pensant à toi mémé, qui a été emportée par cette maladie.
Je garde de toi un souvenir qui me donnera toujours envie de guérir.

Je n’oublierai pas ton sourire et ton regard si brillant, la douceur de tes joues, tes pincettes et tes jolies fossettes.
Ton contact m’a été plus qu’utile pour comprendre les difficultés que cet état peut provoquer pour toutes les familles qui prennent soin de leurs aînés.

Ces âmes perdues s’envolent peut-être sans savoir qu’elles sont aimées, j’espère qu’à l’arrivée là-haut elles peuvent enfin se sentir rassurées de voir qu’on les a veillées et accompagnées jusqu’à leur départ pour la voie lactée.

~

L'ar**gent** et **le** bo**nheur**

L'argent permet-il le bonheur ?

Qui n'a pas entendu dire « *l'argent ne fait pas le bonheur* »

Et pourtant sans argent comment peut-on prétendre un jour atteindre un minimum de bonheur ?

Et pourtant comment espérer manger, se vêtir, dormir convenablement sans argent ?

Et pourtant comment peut-on dire à celui qui dort sous les ponts qu'avec tout l'argent que l'on a, on ne sait pas apprécier la vie que l'on mène ?

Comment peut-on faire croire à la dame qui se tient tous les jours assise sur le trottoir d'en face qu'on ne la voit pas ? On ne peut pas faire autrement que de voir qu'elle existe, on ne peut pas s'empêcher de penser que c'est injuste et que rien n'est fait pour l'aider.

Comment peut-on répondre à l'homme qui demande un peu d'aide dans le métro que l'on n'a pas ce qu'il faut sur soi ?

Comment peut-on continuer à accepter de voir tous ces gens humiliés et laissés de côté sans être touché, sans se sentir consterné et inutile.

Tous ces humains qui ne connaissent pas le mot égalité, endormis sur des cartons dans les métros, entassés dans des tentes sous les ponts qui ne cessent de s'accumuler.

Ou bien ceux cachés comme des prisonniers dans les forêts où ils vivent dans de petites cabanes beaucoup moins adaptées que celles des nomades, sans aucun confort, sans aucune intimité.

Ils ne connaissent pas le mot dignité, ils ne disposent même pas de quoi sc réchauffer, ils n'ont pas de quoi prévenir les problèmes de santé au contraire, ils traînent avec eux toutes les maladies causées par la promiscuité et le manque d'hygiène de vie.

Ils n'ont pas accès au sentiment de sécurité, ils apprennent très tôt à se servir de ce qu'ils ont sous la main pour se défendre, c'est la loi du plus fort quand on ne possède pas grand-chose. On se bat pour ce que l'on n'a pas, on n'a plus aucun sentiment de culpabilité, on n'a plus le temps pour ça, on essaie seulement de survivre quand d'autres se plaignent pour des choses futiles.

C'est ça la vérité qui nous fait tous flipper. On a tellement peur d'être un jour dans ces situations et l'on ne comprend pas pourquoi la société et les politiques ne vont pas plus vite à faire ce qu'il faut.

Pour ne pas que ces hommes et femmes continuent à mourir sans avoir rien fait d'autre que d'essayer de combattre ; la faim, le froid, la peur, l'injustice, la maltraitance, la violence, la difficulté à se loger, à s'insérer, à pouvoir travailler.

Tout ça dans un monde censé être leur terre peuplé de leurs frères et sœurs tous nés sur la même planète.

Il existe pourtant une grande disparité innée, chacun ayant une chance de départ différente pour leur vie.

Et pourtant toi qui as plus qu'il n'en faut, tu es si malheureux, tu n'as personne qui pense à toi, les gens qui t'entourent ne sont pas là par réelle sympathie.

Ils attendent souvent de toi une preuve matérielle pour te considérer comme potentiel ami.

Tes présents réguliers seront une raison pour eux de t'apprécier c'est ainsi la réalité de la vie.

Et pourtant toi qui as tout ce dont tu as besoin, tu n'arrives pas à aimer ta vie, car tu n'as plus personne avec qui partager.

Tu n'as pas su garder ceux qui t'aimaient, car tu pensais que le travail suffisait pour prouver ton amour.

Seulement aujourd'hui tu prends conscience que passer du temps auprès de ta famille aurait dû être la priorité dans toutes tes semaines de l'année.

Aimer c'est le penser, le dire, mais surtout le montrer par des actions concrètes et sincères.

Rien ne peut égaler les bras d'un père ou d'une mère, la caresse sur une joue au coucher, la tendresse de la voix pour rassurer. Dans les moments de difficultés, l'écoute active, les petits mots et actions attentionnés pour nous montrer qu'ils ne sont jamais loin de nous.

Et pourtant toi qui gagnes plus d'argent qu'il n'en faut pour bien vivre, tu ne sais plus quoi faire avec alors tu dépenses sans compter. Tu as tous les gadgets dernier cri, les vêtements les plus tendances, les soirées les plus déjantées.

Tu te ruines dans l'achat de pilules magiques qu'on te vend comme les plus fantastiques pour te faire vibrer toute la soirée, pour tenir le coup sur les plateaux télé.

Tu essaies de ne pas craquer devant les ouvriers qui bossent comme des malades sur la terrasse de ton appart de luxe.

Tu sais qu'ils ne sont pas assez payés pour ce qu'ils font alors tu tentes de faire comme tu peux pour contribuer à égayer leur journée en leur donnant un peu plus même si cela te semble insuffisant.

Tu leur offres toujours le café ou le thé pour les réchauffer à leur pause-déjeuner, parfois même tu leur proposes un repas que tu as acheté ou préparé.

Mais est-ce que tout ça cessera d'exister un jour dans ce monde ?

Comment faire comprendre à ceux qui ont le pouvoir que ce sont eux qui doivent être exemplaires pour agir sur ces problématiques qui les concernent ?

C'est pourtant aussi leur problème, tout autant que les petites gens.

Puisqu'ils ont choisi d'être où ils sont c'est bien pour faire évoluer la société ?

Nous qui nous levons chaque jour pour remplir nos missions : notre activité professionnelle, notre rôle de père et de mère dans l'éducation et la transmission de valeurs.

Nos actes à petite échelle pour les causes que nous souhaitons défendre, notre façon de s'ouvrir au monde et de vivre, dans le partage et la bienveillance envers les gens qui nous entourent.

Notre quête de petits bonheurs, dans le respect pour l'autre et ses convictions.

La plupart d'entre nous cherchons tout simplement à rester humains en faisant le bien et en refusant la haine.

Alors pourquoi ceux qui ont la possibilité d'être moteurs et de véhiculer des actions concrètes ne le font-ils pas ?

Parce qu'il ne suffit pas d'avoir l'argent pour prôner des valeurs essentielles à la vie, parce qu'il ne suffit pas de tout avoir pour être satisfait dans cette société, parce que l'Homme n'a jamais assez et qu'il désire toujours plus.

Parce que beaucoup d'Hommes ne sont pas assez intelligents pour mener des combats qui ne les concernent pas.

Parce que beaucoup d'humains sont égoïstes et n'aspirent qu'à régner sur ceux qui n'ont pas le choix que d'exécuter.

Gagner l'argent nécessaire pour une vie décente est une raison permanente de se lever.

Parce que les droits existent et qu'ils ne servent pas toujours ceux qui le méritent.

Bien souvent ils servent ceux qui ont le plus de fric.

Parce que lorsqu'on ne vote jamais pour le politique qui nous représente.

Parce qu'on ne se sent pas entendu et compris par tous ces gens qui nous dirigent.

Parce que lorsqu'un jour quelqu'un du monde d'en bas aura franchi tous les obstacles pour atteindre le monde d'en haut, il ou elle pourra avec sa vision ouverte de tous les mondes agir de manière logique et humaine.

Il ou elle saura s'entourer de bonnes personnes sans prendre en compte son appartenance, mais en se basant sur ses compétences.

Avec ces personnes-là tout ira plus vite et plus fort, tout le monde reprendra espoir de voir un monde meilleur se dessiner à l'horizon.

Mais pour le moment, 2020 est encore là, les peurs, les doutes, les séquelles sont là.

Les combats sont encore multiples et trop d'humains sont encore éreintés, apeurés, repliés, découragés pour être assez à pouvoir faire bouger cette société qui en règle générale a du mal à se bouger, à se réveiller.

Depuis quelques mois notre univers reste fixe comme dans la glu, impossible à se dépêtrer de cet état de sidération inédit qui nous poursuit, tout ça à cause d'une foutue pandémie.

Pourvu que 2021 soit l'inverse de 2020, et que le monde se réveille comme un lendemain de fête et d'amnésie.

Alors tout cela restera un moment abstrait, une période que l'on garde en nous, mais que l'on ne souhaite pas se rappeler.

La nouvelle règle sera d'avancer avec des pensées plus solides, des objectifs précis et logiques.

Comme si on avait dormi cent ans comme dans la belle au bois dormant, nous reprendrions le cours de notre vie avec une vision plus importante de la vie, un respect décuplé pour notre santé, pour la création, le partage, l'amour, la terre, l'univers.

Nous aurions enfin conscience tous, que nous ne sommes pas seuls à penser, à croire en nous, à faire ce que l'on pense important pour changer et améliorer la société dans laquelle nous voulons voir nos enfants évoluer.

La lune brillera comme jamais et reflétera la beauté de nos âmes apaisées.

Nous nous endormirons tous avec un cœur rempli et prêt à déborder d'amour et de projets à concrétiser.

La terre entière se lèvera unie pour réaliser le monde de demain.

Chaque Homme main dans la main détenant la clé de son destin.

~

L'égalité

L'égalité n'est pas innée, elle est une valeur que l'on doit intégrer. On doit tout faire pour s'en rapprocher.

Chaque humain espère qu'il pourra en hériter, il fera tout pour y accéder, il se donnera les moyens, mais la société l'aidera-t-il à en bénéficier ?

Lorsqu'il aura besoin de soutien saura-t-elle l'aider ?

On peut se demander pourquoi certains sont mis de côté ?

On peut se demander pourquoi d'autres ont toujours ce qu'il faut quand une grande partie doit toujours se battre pour avoir un peu ou presque rien ?

L'égalité est une valeur de notre république et nous aimerions prétendre que cela est une réalité pour chaque homme et femme nés, mais nous voyons bien que cela est un idéal impossible à réaliser.

Chaque jour nous pouvons observer son absence dans de nombreux domaines. Nous voulons tous croire en son accession pour tous dans un avenir proche. Alors nous tentons avec ambition et force de l'intégrer au maximum dans notre quotidien personnel et professionnel pour avancer dans cette optique.

Elle est essentielle à notre âme d'humain tant celle-ci est abîmée, envahie, effrayée par ce qu'elle voit autour d'elle.

L'égalité c'est quoi pour vous ? L'égalité est-ce nous ? L'égalité c'est croire en vous, en nous ?

L'égalité c'est à nous de la faire pour nous pour vous…

L'égalité cela peut être un état d'esprit, pouvoir être unis pour éradiquer ce fléau qu'est la précarité, le rejet.

Ce serait la liberté de dire stop ça suffit, on en a marre d'écouter vos grandes tirades qui ne servent pas aux plus démunis !

L'égalité c'est vous c'est nous qui sommes là pour donner de notre temps, de l'argent, de l'amour, pour créer ce qui n'existe pas, pour crier qu'il ne faut oublier personne, pour écrire ce qui nous surprend, ce que personne ne comprend !

Nous sommes beaucoup à être déterminés à changer notre demain, à faire de notre 2021 la plus belle des victoires, celle qui marquera l'histoire et pas que pour parler d'un vaccin. Non surtout pour faire évoluer encore plus haut les mentalités, pour mettre en œuvre un milliard de projets qui sont nés dans nos têtes quand nous étions enfermés, désemparés, lorsqu'on nous avait retiré notre liberté, et heureusement pas celle de penser.

L'égalité nous pouvons toujours la faire s'élever, protéger et aider ceux et celles à qui elle n'a pas été accordée.

Nous pouvons continuer de réagir pour montrer que nous avons conscience des inégalités qui persistent et que nous ne sommes pas tous indifférents.

La plupart des Hommes d'aujourd'hui reconnaissent cette injustice et font en sorte de ne pas la faire progresser.
Nous pouvons rester sur nos gardes et ne pas abandonner les libertés que nos anciens ont su gagner !
L'égalité, je ne l'ai pas beaucoup vu.
Depuis ma plus tendre enfance je m'interroge sur ce sujet, j'ai beaucoup questionné mes parents, les adultes m'entourant, et je n'ai pas trouvé de réponse me satisfaisant.
Parce qu'en vrai rien ne pourrait vraiment l'expliquer.
Aucune raison valable ne pourrait me faire accepter l'idée que c'est normal.
Ce n'est pas acceptable que certains humains meurent de faim quand d'autres se gavent de festin.
C'est injuste que certains aient de l'eau à foison quand d'autres vivent sur des terres asséchées et n'ont que quelques gouttes d'eau pour se désaltérer.
Des gens dorment sous les ponts quand nous sommes bien au chaud.
Quand beaucoup courent tout le temps, travaillent à plein temps, ne voient presque pas leurs enfants, et gagnent juste assez d'argent pour en redonner autant même en comptant et en faisant attention.

Quand certains n'ont jamais vu la mer, et que d'autres passent leur temps à faire des allers-retours en avion sur les plus beaux continents, pour rester dans des hôtels de luxe à ne rien faire.

Quand certains ne connaissent rien d'autre que leur appartement de 20 mètres carrés, tous bien serrés, n'ayant aucune intimité et que d'autres se baladent dans des villas de mille mètres carrés changeant de chambre chaque journée.

Moi je dis, ce qui est sûr c'est que je pourrais continuer comme ça et citer un milliard d'exemples d'inégalités.

Mais je ne pourrais jamais considérer cela comme une fatalité quand je sais que je peux agir pour faire évoluer les pensées.

Je crois en l'humain et ses capacités,

Je crois en la femme et sa force sous-estimée.

Je crois en nos enfants à qui nous pouvons transmettre les valeurs essentielles de notre république « liberté égalité fraternité » que nous espérons voir préserver pour le plus d'humains possible sur cette terre.

~

Solidarité

Vous êtes-vous déjà posé la question ? Que signifie pour vous la solidarité ? Elle peut exprimer plusieurs idées. Ce mot si on y pense, il nous rassemble. Il nous délivre toute sa puissance si on l'intègre, il est interdépendance. Savoir identifier son sens propre et figuré est intéressant. Je vous soumets ce à quoi j'ai songé, médité, imaginé, envisagé sur ce sujet.

J'aime croire que tout le monde connaît le mot solidarité, que chacun connaît sa valeur morale, que chacun sait qu'elle n'est pas la charité.

Nous pouvons la voir aussi à l'image d'une force intérieure qui nous unit d'un lien aussi solide qu'une troupe formant un seul corps.

Chaque Homme est affilié à un groupe que ce soit celui du sang, celui d'un clan. Nous faisons tous partie d'un pays, d'une ville, d'un État alors nous avons tous un devoir de protection les uns envers les autres.

J'aime croire que nous sommes capables de nous entraider de manière spontanée lorsqu'un autre humain en a besoin et que nous nous trouvons sur son chemin.

J'aime à penser que nous apportons l'aide nécessaire à l'autre sans y voir un intérêt individuel, mais à l'inverse en ayant des attentes partagées, celles de contribuer à rendre son prochain moins vulnérable en veillant à rétablir les injustices qui lui sont faites pour défendre les droits de l'humain en toute humilité.

Solidarité peut-être, aider quelqu'un, lui accorder de son temps, vouloir qu'il bénéficie de l'entièreté de ses droits, valider qu'il a le droit lui aussi d'être secouru afin qu'il se sente sécurisé.

Tout le respect et l'humanité que l'on peut donner se réfléchiront toujours sur nous de façon à nous faire briller comme le soleil illumine la mer, ses rayons viennent la sublimer.

Chacun d'entre nous possède en lui une beauté qui lui est propre.

Lumière effervescente sur plusieurs êtres tu viens rayonner, de mille feux tu peux apaiser.

Les jours d'automne monotones, nos idées dispersées, deviennent un puzzle étalé.

Impression de faiblesse, la lumière réfléchit sur toi, alors tu oublies ta tristesse.

Plus calment les nuits blanches aux idées noires, la clarté de la lune transperce l'âme jusque dans l'abîme de la chair jusqu'à la moelle des os.

Alors une lueur d'espoir vient éclairer ton flambeau.

Dans les deux cas, on se sentira mieux, pas besoin de super pouvoir pour aider l'autre et continuer de croire.

Avec des petits riens, finalement on peut faire beaucoup pour quelqu'un.

L'instant d'après le bienfait oublié, à nouveau le sentiment d'inutilité.

Impossible d'éviter tous les dangers pour les autres, mais on peut persévérer à donner, à partager, à venger, à parler, à distribuer du temps, de l'amour, de l'argent, des aliments, des savoirs.

En retour on recevra toujours une satisfaction intimement personnelle qui raisonnera positivement comme une petite allumette venant réchauffer une pierre dans le désert.

Rien ne pourrait plus satisfaire que ce petit bonheur.

À l'image d'une goutte d'eau dans l'immensité d'injustices régnant sur ces terres arides aux milliers d'hommes assoiffés autant qu'apeurés.

Impatients de connaître leur sort, si la mort ou la vie s'emparera d'eux, semblable à des bourgeons sous la terre profonde et humide de cette hamada fantastique, ils espèrent éclore. Devenant alors des plantes nourrissantes ou apaisantes, éblouies par une lumière éclatante.

Ils seraient ainsi une nourriture précieuse, se nommant la manne pour les Touaregs.

Ces nomades sont libres de se déplacer dans cette plaine aux espaces inhabités et sauvages. C'est là où la vie peut leur apporter de quoi se protéger, se nourrir et s'abreuver.

Ces voyageurs ont une sensation de liberté que peu d'hommes et de femmes connaissent.

L'année 2020 aura rimé avec restriction de nos libertés, mais aussi avec un grand élan de solidarité envers ceux et celles pour qui cette pandémie a tout détruit, tout écrasé.

Les Hommes sont devenus des miettes de papiers utilisés puis broyés.

Des morceaux d'os désolidarisés,

Des puzzles dont les pièces se sont éparpillées

Des chefs-d'œuvre uniques perdus ou cachés.

Les Hommes sachant sont restés dans l'obscurité faite pour eux.

Ils se sont sentis abandonnés, un tapis de prière gardé secret ou mis de côté par son propriétaire.

Terminer de croire en un lendemain serein, comme si notre foi en l'amour de dieu avait subitement disparu avec des bouts de nous.

Les parcelles de notre corps ne nous appartenant plus vraiment.

Devenus des pantins solitaires se laissant robotiser par des mains de cyborgs.

En vain, nous avons suivi la danse inventée pour nous, pour nous protéger d'une si grande menace contre l'humanité entière.

Plus le choix, se taire, allez, obtempère !

Un spectacle de cirque sous nos yeux d'adultes infantilisés.

Cette nouvelle année nous réserve un autre chemin c'est certain.

Trop d'humains en ont bavé, ont subi, ont écouté, respecté, suivi à la lettre, se sentant responsables, en danger et menacés par un virus invisible, mais pourtant invincible.
SOS, ce tintamarre incessant perdurant effrayant conté par les meilleurs sur les écrans noirs, sur les réseaux, dans les journaux nous laissant dans un brouillard des plus terrifiants.
Nous ne savions plus à quel saint nous vouer alors nous nous sommes pour beaucoup enfermés à double tour dans un univers plus réconfortant, plus enveloppant, plus enivrant, afin d'écarter ces pensées de mort nous assaillant la nuit le jour incessamment.
Quand certains ont réussi à fuir cette double menace, d'autres ont eu une double sentence, ils ont perdu beaucoup plus que ce qu'il n'en fallait pour rester entier.
De nombreux êtres se sont perdus quelque part dans le brouillard, ils se sont transformés en guépards.
La nuit tombée, ils se sont faufilés rapidement en traversant tous les fourrés de la forêt pour échapper à la tempête et aux éclairs menaçants au-dessus de leurs têtes, cherchant un endroit rassurant pour attendre que le temps s'adoucisse un moment.
Seulement, l'orage a continué de gronder, la terre avait envie de pleurer.
L'eau n'a cessé de couler, le tonnerre a poursuivi ses assauts et les guépards n'ont pas su trouver le repos.

La pente de terre mouillée, ils l'ont dévalée emportant avec eux tout ce qu'ils avaient construit.

Leurs projets sous la terre ensevelis.

Enfermés dans des oubliettes, comment se libérer de ce mal, de ce choc, de ce drame qui les a bouleversés ?

Faire de l'année qui arrive notre combat, celui de la paix, de l'amour, de la fraternité, de l'égalité, de la solidarité.

Solide le sera-t-elle, cette terre sur laquelle nous voudrions marcher demain ?

Arite est-ce possible de trouver ce minéral rare, comme le monde plus naturel que nous aimerions pour avancer ?

Solidarité pour une Humanité plus paisible.

Tendons la main à notre voisin, sourions, car voilà c'est déjà demain 2021.

~

Comme une envie de fête

Nous voilà nous y sommes presque,

Ce jour de fête tant attendu, nous y sommes enfin bientôt.

En attendant, je mange des carrés de chocolat sous les draps et je mâche mes chamallows en écoutant Dano.

Il est encore tôt pour se réjouir, mais je crois en l'avenir, je fais des rêves avec les souvenirs de mes anciennes soirées déguisées où je m'ambiançais.

En ces temps-là, ce n'était pas que sur mon canapé avec cette maudite télé que je ne peux plus encadrer, mais pour l'instant c'est ma seule alliée pour rester aux autres connectée sans me murer dans la déprime, le thé à gogo, l'alcool solo ou le café pour rester éveillée au monde quasiment inanimé.

Du bout des doigts nous pouvons bientôt l'atteindre, je me vois déjà sur le dancefloor faire des pas de dingues, tout le monde me regardant et venant me rejoindre, je ferais un battle à la Michael, me laissant guider par ce son de folie qui s'empare toujours de moi et me fait tant vibrer.

La soirée est à peine entamée, je ne veux plus m'arrêter de danser, de sauter, le moonwalk et la vague ça me connaît. J'aime laisser le rythme s'emparer de mon corps, me laisser aller jusqu'à oublier tout le mauvais.

J'adore chanter alors je m'imagine le micro dans les mains m'époumonant sur du Mariah Carey sans masque sur le nez, c'est ça ma liberté, je veux pouvoir crier, respirer par le nez, je ne veux plus jamais me sentir étouffer.

J'adore être parée d'un costume de fête avec des paillettes, des chapeaux, des lunettes ça pète, c'est forcément plus chouette. On ne se prend pas la tête, mais tout de suite c'est une ambiance qui claque et qu'on aime, les couleurs sont plus festives, les bouches sont tout sourire, les allures sont moins strictes.

Les gens sont plus à la cool, plus détendus du string, pas de différence, pas de sentiment d'ignorance, tout le monde porte les mêmes couleurs, celle de la bonne humeur, celle de la danse du cœur.

On s'attrape, on se fait tourner et virer, on se déhanche, rien que ça on se sent délivrés de cette prison où l'on a été trop longtemps enfermés. Aujourd'hui, oui, nous sortons des oubliettes pour faire la fête.

On fait la ronde, on lève les pieds, de plus en plus vite on s'agite, on se sourit, les yeux de tous pétillent comme un feu, on est chaud, on transpire, on se moque de cette odeur de transpi on a vécu pire, on part dans des éclats de rire, on a changé de tempo, voilà maintenant du disco, tout le monde a envie de créer une chorée.

Je propose des pas et tout le monde me suit c'est de la magie, ce soir ce n'est plus le chaos, on est branché sur plus de mille volts de la stéréo, ce soir Cloclo danse avec nous de là-haut.

Stevie Wonder, Donna Summer, Ophélie Winter n'ont qu'à bien se tenir nous on cherche à faire revivre tous ces tubes que l'on connaît par cœur, comme si on renaissait tous ce soir on fait la paix avec cette période damnée pour ouvrir nos bras à l'année qui apparaît.

On se suit en farandole, on fredonne ou on chantonne sur les années folles. Puis on relie nos mains pour créer le chemin les uns aux autres serrés en levant nos bras vers le ciel comme pour toucher avec nos doigts notre destin. Ensemble main dans la main on se faufile à travers ce petit sentier qui nous est destiné. En se baissant, nous franchissons ce parcours pour arriver là où notre place nous attend. Au bout de l'allée à nouveau les bras relevés, nous pouvons maintenant respirer pour observer nos amis avancer.

2021 nous voilà, on laisse à 2020 tout ça, on te fait même l'Ola, pour sonner le glas de ta défaite saperlipopette, tu ne nous auras pas eus, car on est plus balaise que toi tralala.

À nous les rues animées, les péniches, les karaokés, les terrasses chauffées, nos p'tits bars bien aimés,

À nous, nos boîtes de nuit préférées, nos tenues de soirée chics satinées qui nous donnent de l'allure

Notre liberté réveille l'énergie et la force de croire en nous.

Vive les rencontres spontanées faisant souvent les plus belles amitiés et parfois même des histoires d'amour se transformant presque en contes de fées.

Nous voilà prêts à raviver nos villes adorées de nos âmes libres voulant festoyer plus que jamais. À nous nos vieux quartiers, nos grandes places qui attendent de retrouver leur vivacité.

Fini les somnifères, les angoisses en solitaire, les crises de nerfs dans le RER, les spectacles en replay sur Arte concerts, les apéros times sur les réseaux, le manque de nos familles, nos absences pour les événements et fêtes d'anniversaires de 18, 20, 25, 30, 35, 40, 45, 50, 60 ans. Vous pouvez à nouveau compter sur nous pour que l'on soit présent afin de vous fêter dignement.

10, 9, 8, 7, 6, 5, 4, 3, 2, 1, c'est maintenant le moment de se serrer dans les bras, de se souhaiter le meilleur sans le pire, de se dire qu'on est d'accord pour enterrer cet épisode sarcastique pour entamer le plus beau film à notre image, pas celui des enfants trop sages, celui d'un peuple soudé, respectueux entre eux, déterminé à lutter contre les menaces et la peur, préférant attraper l'amour, le bonheur, la solidarité pour créer un monde plus sûr, un avenir rempli de gaieté, celui qui fera notre réussite sans nous empêcher de vivre.

Il est 8 h j'ouvre les yeux alors que ma radio passe la reprise de Yannick « *ces soirées-là* », ça me rappelle vaguement quelque chose, mais je ne m'en souviens pas, il me semble seulement que j'ai dansé sur ce tube-là, c'est les bonnes années 2000 çà, il avait fait un tabac !

Je suis un peu déçue, j'aimerais tellement avoir retenu, savoir si ce rêve m'a plu. J'oublie et je chantonne en me préparant dans la salle de bain. Je m'imagine déjà en 2021 fêtant enfin tous les trucs que j'ai ratés. Je souris au miroir, j'ai encore espoir. Il n'est jamais trop tard.

~

L'artifice

Magie de projectiles inoffensifs, le ciel va devenir vif,
décompte avant le premier jet d'artifice.

Concentration, musique et lumière d'ambiance, impatience de
l'amateur déjà en transe.

Calmes, immobiles, gigotant ou bien riant, tous déjà souriants.

La nuit noire devient espoir, magie, lumière, arc-en-ciel du soir
on attend les pétards.

Une déclinaison de couleurs illumine ton cœur. Sensation, dans
ton corps vibration, le missile comme un écho résonne, chaque
son est en accord.

Tes yeux brillent de mille feux, tu es heureux, miroir de ce
paradis qui prend vie.

Tu observes chaque détail de la scène.

Comme dans un tableau où rien ne t'échappe, il y a tous les
thèmes.

Chaque fois que cela explose dans le ciel, tu jubiles de plus
belle, l'une après l'autre tu les nommes. Elles cartonnent, elles
impressionnent.

Ça tonne, comme des fuseaux cellulaires de filament d'actine qui filent de plus en plus haut, une immense toile, tel un réseau, c'est beau.

Tu aimes ce bruit, tu savoures cet instant inouï, comme une pluie d'étoiles infinies.

Pupilles dilatées, yeux écarquillés, comme un vœu exaucé,

Une grande bataille de chandelles, sous tes yeux, est née, comme la lecture d'une merveilleuse épopée.

Dispersion de fusées, éclosion de bouquets en fleurs cendrées.

Peinture mystère, chaque œuvre réveillera-t-elle tes émotions ?

Tu espères.

Attendre puis surprendre.

Vacarme assourdissant, explosion, hallucination.

Comme un rêve provocant, étonnant.

Silence tendre, voile de cendre.

À l'unisson, des fontaines étincelantes donnent le ton, s'ensuivent les tourniquets qui crépitent et tournent de plus en plus vite.

Des gerbes de diamants s'enchaînent, un développement de couleurs éclatantes, éblouissant la nuit.

Spectacle détonnant, l'humain se tortillant, ou se frayant un chemin.

Aucun d'eux ne veut manquer la fin de ce fabuleux dessin.

~

Duo insolite

Besoin de poursuivre,
m'épanouir.

Étrange cette vie qui me
sourit.

Nuit blanche c'est mon
temps de transe.

Papillon de nuit, je te
suis.

Je m'envole, moment de
magie.

Rêve de belles balades,
je m'évade.

Avec toi et elle, je suis
belle.

Qui aimer, tout de vous
me plaît.

M'abandonner ou refuser.
Futur incertain, instant serein.
Choix cornélien, j'me sens pas bien.
Liberté jolie, j'croque la vie.
Qui accepte ça, je sais pas.
Cerveau dépité, j'vais m'noyer.
J'préfère zapper, croire, exister.
Écrire, dire, construire mon avenir.

~

Vent

Toi qui souffles à tout bout de champ.

Toi qui tourmentes mon sommeil.

Comment veux-tu que je m'apaise alors que tu ne cesses de me souffler ton sonnet ?

Toi qui fais ce bruit incessant, faisant bouger les volets, t'insérant sous les tuiles.

Toi qui augmentes mes tourments, comment veux-tu que je trouve la paix de mon âme maintenant ?

Toi qui hurles dans ma tête, je ne peux m'endormir si tu ne t'arrêtes pas de siffler dans mes oreilles.

Toi qui t'engouffres en tout lieu j'ai l'impression de te sentir dans le cou, j'ai la sensation de frissons de partout.

Toi qui fais vibrer les carreaux, qui expires et crées ce courant d'air qui ne veut se taire.

Toi qui me pousses à veiller, je soupire et me mets à rêver, je vois la mer.

Toi qui émanes de tous les horizons, comment veux-tu que je t'ignore ? Tu me pousses à écouter ceux qui dorment, j'écoute leurs profondes respirations.

Toi qui agites mon corps et mon esprit par cet effluve que je sens.

Toi qui viens presque me faire une bise.

Je sens ta caresse sur ma joue.

Toi le courant qui trouble ma nuit.

Je suis dans un tourbillon de vie.

Toi qui appelles la pluie pour t'accompagner dans cette danse de minuit.

Toi qui me chuchotes d'être attentive à ta chanson.

Je suis une effervescence de pensées.

Toi qui m'as attrapé pour ne plus me lâcher comment veux-tu que je me concentre sur une seule idée ? Toi qui me murmures de méditer, je t'assure que cela n'a pas eu l'cffct cscompté en cette soirée où je reste éveillée.

Toi qui siffles si fort. Imites-tu les esprits, les fantômes en ce temps d'automne ?

Toi qui m'épuises à vociférer, des trombes d'eau s'ajoutent à tes déflagrations.

Toi qui provoques en moi un ouragan de questionnements,
Comment veux-tu que je trouve le repos si tu restes en écho ?
Toi qui me guides est-ce la bonne direction que je prends ?
Toi qui révèles ta puissance au monde par tes tornades, tes cyclones, tu m'impressionnes.
Comment veux-tu que je fasse pour oublier ta force ?
Toi le mistral tu resteras gagnant, un des cinq éléments,
L'un des plus énergisants, tu es le tout puissant.
Toi qui tempêtes, qui grondes, je me sens comme un enfant, je m'imagine un typhon.
Toi tu es transparent, mais remarquable, toi mon géant tu peux tout foutre en l'air.
Toi quand tu disparais laissant place au silence, je me retrouve seule avec mes démons.
Toi qui m'as bercé, je guette ton retour, mon allié jusqu'au jour levé.
Toi devenu ami de mon insomnie je te remercie, car le silence m'ennuie.

~

Lune ma Luna

Comme une reine tu règnes entre terre et soleil.

Tu sublimes la nuit, ta parure est inouïe.

Tu réchauffes le cœur de celui ou celle dont la solitude fait peur.

Ton énergie transperce les nuages à la recherche d'âmes éreintées.

Ta force dynamise, elle ressource, nourrit, vient apaiser, guider.

Tu inondes les corps éteints de ta dynamite, tu réactives, revitalises les êtres devenus Hermite.

Tu apparais ou disparais, personne ne sait combien de temps tu vas rester.

Tu éclaires notre chemin, sans que l'on ne te demande rien.

Tu es d'une bienveillance naturelle, tu nous veilles dans notre sommeil.

Tu émerveilles par ta simple présence, tu nous éveilles et nous détournes de nos peines.

Tu es belle, tu attires, tu captes l'attention, les yeux qui te regardent sont emplis d'étincelles. Tu es ma merveille quand mon cœur se met en veille, tu es là tu m'appelles, tu m'ensorcelles.

Tu m'hypnotises, tu bloques mes idées noires, tu m'envoies tes ondes positives.

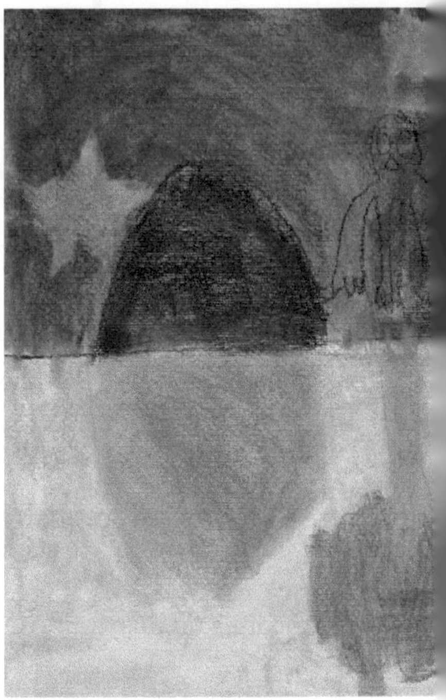

Tu sais que je ne suis pas naïve, mais quelques doutes peuvent faire agir une personne de manière stupide.

Tu me provoques de ta hauteur, tu imposes ta puissance, tu es le feu qui vient raviver ma flamme pour me mettre en transe.

Tu me défies de ton œil brillant, l'arbre sur mon chemin te cache, je devine ta lumière intense derrière les branches, je me penche.

Tu m'enveloppes de ta douceur, ta coiffe brumeuse te rend plus mystérieuse, tu jaillis, tu m'éblouis, je ressens à nouveau de l'émotion, le besoin de création, l'envie d'aller de l'avant, puis tu retournes dans l'ombre un moment me laissant à mes songes de l'instant.

Tu es mon amie à la nuit tombée lors de mes insomnies ou à l'aube de mes jours sombres où je suis anéantie.

Tu émets la douceur et la volupté, peu importe la forme que le soleil te donne, pleine, premier, dernier quartier, tu fais rêver, grâce à toi je me plais à tout imaginer.

~

Qui suis-je

Sphère tu as la place que l'on te choisit, scintillante, pailletée, tu es là pour plaire.

Cercle est ta forme, tu as ton propre design, doré, argenté, coloré, nacré, peinte en reliefs avec les plus belles perles.

Boule en cristal inspirante, fragile, ta valeur est sacrée, je n'ose te toucher, si délicate je t'observe, pour ne pas te briser, car arrivera le jour où tes grands et petits admirateurs viendront te saluer, trinqueront à ta douzième année sans tomber. Je serai là pour te fêter. Cette année il y a foule, crois-moi il n'est pas encore temps que tu t'écroules.

Circulaire, transparente, unique en ton genre, ta coque te protège, je peux voir les petits trésors, reflet de ton cœur que ton corps recèle, en argent ou bien en or. Je t'imagine tel un navire voguant au gré du vent, la tempête te renversant laissant ces secrets avec lui couler dans les entrailles de la terre. Je deviendrais alors l'exploratrice des profondeurs de la mer.

Peu importe votre taille, votre couleur, votre décor, chacune a pour moi sa valeur, chacune représente une partie de notre œuvre d'art, chacune permet à notre arbre de briller et de remplir notre maison de gaieté.

Je sais voir la beauté qui sort de vous, je vous garde dans mon cœur pour l'éternité, merci d'avoir rendu plus chaleureuses nos soirées.

Aujourd'hui je vous remets délicatement dans votre maison. Je vous ressortirai à la prochaine saison.

En attendant, je prends soin de vous trouver la meilleure place pour ne pas vous abîmer.

La mélancolie s'empare de moi lorsque je referme ce carton.

Dehors la neige a fondu et laissé sa place à la pluie.

Encore un Noël derrière nous, je voudrais encore y être et vous observer au coin du feu. Emmitouflée dans mon plaid préféré, l'odeur de ma tisane pomme cannelle apaisant ma fin de journée.

J'aime tant me laisser transporter par cette ambiance que nous avons créée, me permettant de souffler, de m'endormir avec les elfes de la forêt, emportée par les songes de mon enfance oubliée.

~

Vivre avec ardeur

Bonheur de vivre selon son cœur.

Joie de se sentir libre de ses choix.

Après l'épuisement vient le temps de l'épanouissement.

Raison m'a permis de prendre la meilleure décision.

Soulagement, plus de pression ajoutée inutilement.

Sourire retrouvé, ne me quitte plus jamais.

Nouvel adage en conception, vivre selon ce que je ressens de bon.

Écouter l'intérieur de sa maison, là où se cachent les sentiments. Être en équilibre avec sa perception.

Faire que sa vie soit belle, rire, pleurer, se laisser aller, écrire, lire, danser, chanter, créer pour que sa vie soit beauté, déployer ses ailes, devenir rebelle.

Douceur d'être soi, l'âme reliée à la conscience apaisée, de

marcher selon sa propre loi.

Bienfait pour son être, ne plus craindre de se montrer au monde

entier.

Regardez-moi décoller, je suis l'oiseau voyageur qui se laisse porter.

~

Ignorance

Ce sentiment est sans doute l'un des plus éprouvants.

N'être rien aux yeux de l'autre, son regard sur soi absent.

Ne pas m'accepter comme je suis vraiment, incapable d'apprécier la différence que je représente.

Passante elle se tient devant moi, soudain je suis devenue transparente.

Je me sens telle une chose inerte, une feinte paralysante.

Attitude. Elle affirme sa puissance sur mon existence.

Sentiment d'éviction. Un vulgaire balai, je suis mise de côté.

Devenue poussière. Où dois-je aller ? Disparaître ou m'envoler pour que tu puisses m'observer.

Je n'ai pas le temps de me sauver, je suis prise dans tes filets. Jeté, je suis un déchet.

M'éviter en toute objectivité, sans connaître si mes valeurs ont pour toi un quelconque intérêt.

Je suis classée parmi les papiers à éliminer.

Sentiment d'être étrangère ou bien sorcière. Je n'ai jamais compté.

J'ai égaré ma fierté en dévoilant une part de mon intimité.

Tu m'as donné le pouvoir d'invisibilité depuis que je t'ai croisé.

Mon cœur s'est arrêté de croire. L'autre aura rarement un effet miroir.

Voir l'animosité de l'Homme m'a fait perdre espoir.

Le rejet intensifie mes émois.

Tu as fixé ta loi, je ne le supporte pas.

Hasta la vista Esméralda.

Usée de ce jugement injustifié, je me suis retirée.

Je tire ma révérence, tu m'as détrôné.

Je t'offre la palme de la meilleure actrice de l'année.

~

Pourquoi j'écris

J'écris pour que la vie soit le reflet de mon âme,
Pour me connecter à mon être, oublier mes états d'âme,
J'écris,
Pour que mes émotions continuent d'exister à travers le temps,
Pour décortiquer mes sentiments des plus doux aux plus violents,
Pour toucher du doigt ce que ma tête ne comprend,
J'écris,
Pour trouver le sens que la vie veut donner à mon existence,
Parce que les mots valent bien plus que toutes les offrandes,
Parce que j'aime être transportée dans mon ailleurs, mon ambiance,
Fuir mes démons, écrire noir sur blanc ce que ma tête me commande
J'écris,
Pour prendre de la hauteur les jours où j'ai mal au cœur,
Pour analyser mes peurs, je cogite des milliers d'heures,
J'écris,
Pour soigner l'enfant blessé d'autrefois,
Pour faire renaître la femme qui veillait en moi,
Pour rester maître de mon jeu de l'oie, je combats
Chaque jour je me répète, jamais baisser les bras,
J'écris,

Pour développer mes capacités créatives
Pour décrire ce qui paraît indescriptible,
Pour transformer les ondes négatives
Faire qu'elles deviennent force indestructible,
J'écris,
Pour m'évader et affirmer ma liberté de pensée,
Parce que dans chaque épreuve traversée, un bienfait apparaît,
J'écris,
Pour que mes rêves puissent grandir,
Pour qu'ils puissent à nouveau revivre,
Pour partager, voir qui est-ce qu'ils pourraient faire sourire,
Pour découvrir ceux qui voudraient avec moi les poursuivre,
J'écris,
Pour capturer les instants les plus importants,
Lorsque rien ne compte plus que le présent,
J'écris,
Pour créer, imager, les meilleures combinaisons de mots,
Ceux qui semblent être ensemble le plus beau des tableaux,
J'écris,
Pour inventer une nouvelle manière d'être gai,
Une nouvelle approche pour parler à la société,
Pour dire autrement ce que sont Amour et Paix
Certainement les meilleurs remèdes utiles à l'humanité.

~

Mes vieux

Toi mon aîné sur tes
genoux j'ai tant aimé
me réfugier

Les balades jusqu'aux
chevaux, dans le jardin
enchanté de mamie dit
« pépé » je ne peux
oublier,

La tambouille, la
musique que l'on
chantonnait, tapant sur
des clous sur des airs
de Pierre Perret,

La bonne soupe aux
vermicelles, nous
réchauffait le cœur,
nos prénoms en
alphabet de pâtes on
adorait chercher,

Nous devenions des aventuriers, un peu explorateurs,
architectes ou bien archéologues, pas peur de croire en nous,
notre imaginaire devenait réalité,

L'hiver, bien au chaud, une bouillotte aux pieds, meilleur
moment de fin de journée ou pépé me bordait,
Nos voix résonnent encore dans cette salle de bain, nous riions
si fort éclaboussant le marbre gelé,
L'été sous les saules pleureurs, barbotant, se rafraîchissant de
la chaleur pesante, courant puis plongeant dans cette piscine
miniature dégonflée,

En maillots, assis dans la brouette, je te poussais les cheveux dans le vent, nos sourires à l'unisson, tu t'agrippais, je passais la bosse et la pente à dévaler,
De vos repas nous nous souviendrons, du poulet-frites, aux fraises chantilly maison, en passant par les crêpes aux douces saveurs parfumées de fleur d'oranger,
Rituel de l'après-midi nous attendions sagement de choisir notre dragée préférée dans le bocal en verre que papi nous tendait,

La gym pour papi c'était de toucher le bout de ses pieds, jamais la vieillesse l'emporterait, rester jeune dans sa tête, il savait nous épater, ne jamais s'arrêter de rêver, croire en son éternité,
L'émission du soir me faisait songer, je désirais par-dessus tout avoir un quelconque talent, ces enfants courageux sur scène me rappelaient que moi aussi je voulais réussir à avoir une personnalité,

Ces petits artistes me ramenaient à moi-même, à mon absence de compétences dans la chanson, à mes aspirations profondes du moment, à cette vérité, je ne savais pas encore qui j'étais ni qui je deviendrais,
Aujourd'hui j'ai pris ma plume, pour dire que le temps passe, mais que les souvenirs avec mes vieux sont intacts, intenses et presque aussi frais, comme si mon âme d'enfant était restée au passé,
Je voulais partager un peu de ces instants de vie, refaire vivre ces annales qui en moi resteront gravées, jusqu'à ma mort emportée.

~

Jusqu'au matin

Les bons moments
C'est perturbant
Sentiment d'être vivant
Souvenirs puissants

Nostalgie de ces instants
Les revivre comme au présent
S'les repasser constamment
Une boucle, spirale, tout le temps

P'tit rap mon frérot en impro
Danser, s'éclater jamais trop

Révélation, kiff de Justine
J'surfe sur la vague j'suis plus dans le spleen

P'tit pas d'Aya Nakamura
Bonne vibe comme l'ambiance d'autrefois

P'tit déhanché moi et Osny
Un son latino c'est parti

P'tite taffe pour égayer ma vie
Croire en l'amour encore une nuit

Rire à en pleurer,

j'suis KO

Redécouvrir ses

abdominaux

Partir au petit

matin.

Pas te tenir la

main.

Pas dire, se

retenir.

Pas te brusquer, ni

fuir.

Se croire invincible,

tous les possibles

Devenir autre que cette invisible

Passé partagé, rien oublier

Fou rire d'ado action, vérité

Mentir, jamais, t'écouter,

Sentir ton être en entier

Confidences de défoncé

Dans cette caisse trop délirer

Mystère d'enfant à percer

Fragilité, âme lésée

Modèle destructeur j'ai peur

T'éloigner de cette torpeur

Effacer tes malheurs

Mélancolie ou bonheur

Je voudrais rester des heures

Pas prêt à ouvrir ton cœur

Dernier contact peu physique,

Mine triste, échange platonique

J'pars, j'veux débrancher mes piles

Un sourire, j'plane à dix milles

Partir au petit matin.

Pas te tenir la main.

Pas dire, se retenir.

Pas te brusquer, ni fuir.

~

Soleil

Tu brilles, tu m'illumines.

Tu réchauffes, tu m'enveloppes.

Ta chaleur est un bonheur.

Ton énergie me donne vie.

Tes ondes font valser le monde.

Beauté tu donnes au ciel bleuté.

Trésor, ta couleur est
d'or.
Effet miroir, œil
d'espoir.
Transparents, rayons
brûlants.
Puissance ton
évanescence.
L'envoûtement nuit aux
tourments.
Afflictions, disparition.
Attractive, une étoile
vive.
Adoration, rétroaction.
Source de rire, envolée
l'ire.

~

Les traces d'une vie

Souvenirs précieux me font briller les yeux
En cartes ou en photos c'est toujours si beau
Trace d'un passé sacré, se garde à jamais
Parcours d'amitié, d'amour vaut le détour
Des empreintes indélébiles, chacun son style
Relire, se rappeler, fermer les yeux, partir
Balayer sa vie en ouvrant une boîte remplie
Explorer chaque époque parfois c'est le choc

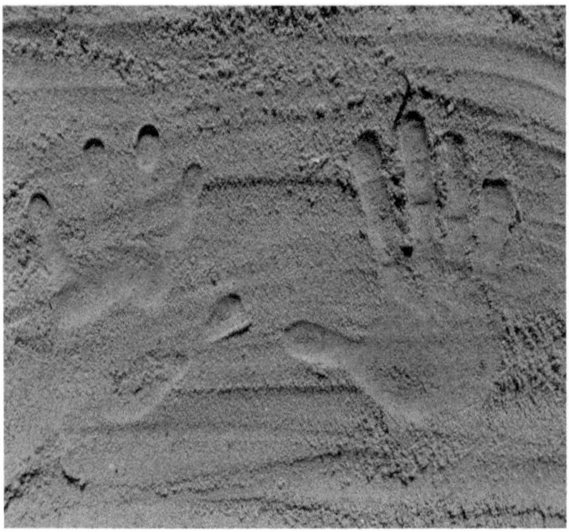

Sourire aux lèvres,
j'explore, j'veille,
j'dors pas je rêve

J'veux me rappeler,
peur de ce jour où
j'oublierai
Fière d'être ici, d'voir
tout ce que j'ai
construit

Réunion d'mes
sensations en création

Les barrières levées,
j'me lève pour exister

Naissance de potentiel but existentiel
J'veux pas rester frêle ni l'commun des mortels
Basta la go qui s'enfonce s'met seule KO
J'prends mon stylo, à défaut d'un beau piano
Amigo, incognito v'nez personne de trop
J'continuerai d'trouver avec vous la clé
Comment d'amour être ivre et avec paix vivre.

~

« Toi et Moi »

Si la vie me le permettait, je serais avec toi dans une maison de campagne au bord de l'eau.

Nous contemplerions le ciel, les enfants jouant dans l'herbe, tout nus de s'être baignés.

Leur rire enveloppant notre cœur de douceur, nous nous laisserions bercer par le chant des oiseaux.

Le vent caressant nos visages, le sourire au coin des lèvres, nous serions heureuses d'être ensemble et de s'aimer.

Notre potager aurait l'allure d'un tableau de Monet dont nos yeux se délecteraient.

Toutes ces belles couleurs nous donneraient l'envie de manger.

Alors je te prendrais la main, je chanterais ma gaieté au monde entier.

Il n'y aurait rien de plus beau que notre amour et la nature à nos côtés.

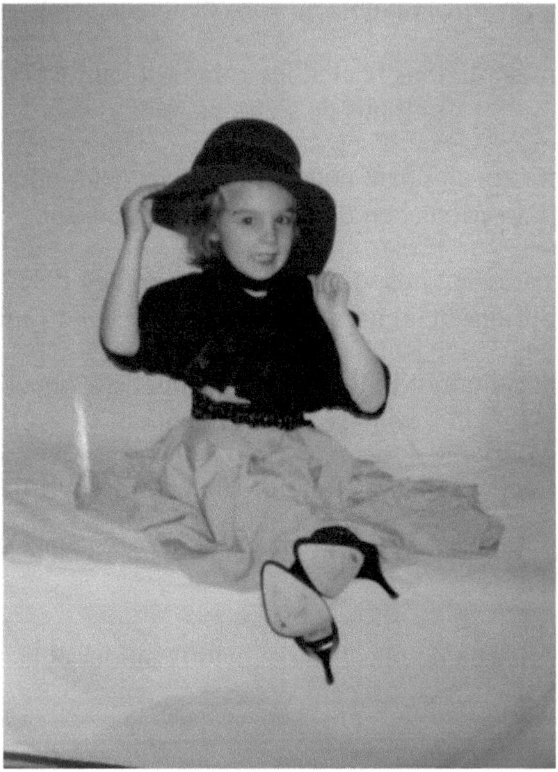

Je vous remercie d'avoir pris le temps de me lire. Je ne sais pas vraiment ce que j'attends de ce livre si ce n'est de ne pas laisser mourir ces mots nés pendant une période étrange de ma vie. Je me suis levée un matin avec ce désir profond de me raconter d'une manière singulière. J'ai commencé par m'enregistrer en vidéo, lisant un texte chaque jour, pour après le partager sur un réseau social. J'écrivais vraiment beaucoup, d'une manière fluide et libératrice. C'était comme si je débordais de sentiments, j'avais un besoin irrépressible de les déverser rapidement pour ne plus qu'ils m'habitent. J'ai suivi ce que me disait mon instinct, j'ai écouté mes pulsions créatives sans chercher à comprendre le sens que cela pouvait avoir. Dans l'ignorance la plus totale, j'écrivais ce qui était depuis longtemps coincé en moi et je sentais le soulagement m'envahir au fur et à mesure que je couchais tous ces mots. J'étais à la fois triste et heureuse. À tout instant une impulsion pouvait naître, alors plus rien n'existait autour de moi. Seule, la sensation de mes doigts agrippés au stylo et mon élan d'inspiration avaient à ce moment-là de l'importance. Un jour, alors que je dévoilais à un ami quelques-uns de mes poèmes, celui-ci m'a fait remarquer que beaucoup de gens passent des heures à essayer de faire des rimes alors que moi j'écris avec une aisance innée en très peu de temps et que je n'en suis pas consciente. Tout d'abord, j'ai ri non pas pour me moquer de lui, mais parce que je sentais comme une envie chez lui de pouvoir faire pareil, aussi j'avais l'impression que ce que j'écrivais n'avait rien d'extraordinaire et je le pense toujours. Puis j'ai réfléchi. Petit à petit je me suis questionnée sur son propos. Certes je n'avais jamais pris de cours d'écriture, je n'avais aucune référence en termes de poètes mise à part ceux étudiés au collège c'est vous dire et je n'avais pas été une élève brillante en français, mais j'aimais énormément apprendre les poésies et j'en garde encore un très bon souvenir. J'ai alors compris, que tout cela voulait quand même dire ou me dire quelque chose et même si je ne comprenais pas encore, je devais accepter qu'une nouvelle voie venait de s'ouvrir à moi et que je devais continuer d'aimer écrire sans trop me poser de questions sur le pourquoi ce désir se réveillait à 30 ANS. C'est alors que je commençais à rêver d'être capable de faire de cette fiction une réalité, qui pour moi ne pouvait que devenir un livre, un vrai. J'ai donc commencé à mettre en forme ce projet sans vraiment croire à son aboutissement. Puis les événements de ma vie ont pris le dessus. Mon désir s'est endormi pendant plus d'un an. J'ai continué de remplir des feuilles blanches, de mes réflexions, de mes colères, de mes joies, de mes peines. Mon écriture a changé, a pris d'autres formes, et continue aujourd'hui de s'inventer. J'ai remis en question ce livre des tas de fois, car je ne me reconnaissais plus dans ces mots. La femme que je suis trois ans après s'est transformée, à d'autres perceptions des choses, oui parce que chaque jour j'apprends et j'évolue.

Dois-je abandonner ce livre ou lui laisser la chance d'exister ? La réponse vous l'avez entre vos mains, mais je peux vous dire que je ne réalise encore pas d'avoir osé ce choix.
Je vous tire ma révérence avec cette photo de moi enfant.
Elle a été prise par ma maman. Dans ses yeux je me trouve touchante, espiègle, courageuse, importante.
Grâce à elle j'ai appris à devenir cette femme que je suis aujourd'hui, emplie de rêves. Je suis ouverte d'esprit et je ne désire qu'une seule chose vivre pleinement ma vie et me sentir humaine plus que tout. Je suis protestante contre toute violence, combattante pour toute liberté, celle de tous les Hommes.
Je pense que nous sommes sur cette terre pour changer ce qui doit l'être et non pas pour s'entre-tuer et se regarder mourir.
Je suis convaincue que c'est à nous seuls qu'il revient de s'engager sur le chemin de notre singularité, d'accepter les difficultés que nous impose la vie, car ce sont elles qui nous permettent de devenir qui nous sommes. C'est en allant oser faire face à nos peurs, en allant bâtir nos rêves de nos propres mains que nous serons pourquoi nous existons.
Être humain c'est être vivant, alors autorisons nous à exister au monde comme on souhaite l'être au plus profond de nous. Respirons, nourrissons-nous, chantons, partageons, aimons, respectons notre terre.
Le pouvoir de changer nous l'avons quand il s'agit de ce qui nous anime, nous sommes capables d'agir, de réagir.

Nous avons tous des combats à mener. Une maille après l'autre nous construisons l'armure qui nous fera devenir plus résistant, plus inventif face à l'épreuve, de sorte que nous n'ayons presque plus besoin de nous en revêtir pour aller au front.
Dans ma petite enfance, je disais à ma mère, « *pourquoi on a inventé l'argent, l'argent n'aurait pas dû exister* ». Je n'ai encore pas de réponses à ce jour. Et au fond je pense que je n'en trouverai aucune qui me convienne et qui vaille.
Je ne comprenais pas pourquoi cette vieille dame vivait dehors devant le magasin et je ne le comprends toujours pas aujourd'hui.
Je disais à maman « *Pourquoi nous n'avons pas continué à faire du troc* ? » j'avais déjà identifié sans le savoir que cette invention de l'Homme était en cause dans de nombreux problèmes et dans le monde entier, je percevais déjà l'injustice du monde dans lequel j'avançais.
C'est bien complexe et à la fois jouissif de grandir dans ce monde dans lequel il n'existe aucun chemin certain, où il n'y a aucune certitude d'aller vers la bonne direction. Nous sommes des explorateurs et nous voyageons avec des ambitions sans savoir ce que nous cherchons et où elles nous mèneront.
J'encourage toutes les femmes et les hommes à ne pas perdre de vue leurs ambitions, à explorer le monde, le leur et celui qui les entoure, car de nombreux trésors s'y cachent qu'ils ne soupçonnent pas. Pour le parcourir, il faut être prêt à accepter de

se confronter aux intempéries qui essaieront de différente manière de nous détourner de la route que l'on a choisie.

À nous de nous accrocher, de ne pas nous laisser couler sans même avoir essayé de nager pour remonter à bord et tenter un autre accès en nous adaptant à la tempête qui se joue devant nous.

Je vous souhaite à tous une belle histoire d'amour avec la vie. Apprenez à l'aimer plus qu'à vouloir la comprendre, c'est déjà un bon début, je pense.

Innovez, voyez comment vous aimez exister, faites des choix qui vous ressemblent, étudiez-vous si on peut dire, écoutez-vous, entendez ce qui vous pousse à vous dépasser. Même dans les pires moments, on peut puiser dans sa peine et atteindre le meilleur de soi. Trouver la paix de l'âme est sans aucun doute ce que chaque être humain recherche.

Merci de votre lecture et de votre bienveillance à mon égard.

Bonne route à vous.

Bien à vous,

Agnès

Imprimé en Allemagne
Achevé d'imprimer en juillet 2023
Dépôt légal : juillet 2023

Pour

Le Lys Bleu Éditions
40, rue du Louvre
75001 Paris